Fidel Alcalá

MINISTERIO CAMINATA BÍBLICA

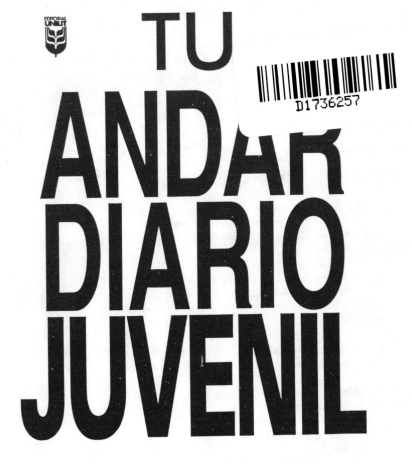

TU ANDAR DIARIO JUVENIL

La sexualidad, los padres, la popularidad, y otros temas para la supervivencia del adolescente

Publicado por
Editorial **Unilit**
Miami, Fl. 33172
Derechos reservados

Primera edición 1997

© 1991 por Walk Thru The Bible Ministries.
Publicado originalmente en inglés con el título de:
Youth Walk por Zondervan Publishing House
Grand Rapids, Michigan

Para solicitar información dirigirse a:
Walk Thru The Bible Ministries o Editorial **Unilit**
P.O. Box 80587   1360 N.W. 88 Avenue
Atlanta, GA. 30366   Miami, Fl. 33172

Traducido al español por: Dra. Maria A. Consuegra
                          Dra. Magali Pasión

PRODUCTO 497551
ISBN 0-7899-0093-9
Impreso en Colombia
Printed in Colombia

Dedicatoria

Hace varios años Dios nos llamó a *Caminata Bíblica* con el fin de aplicar los principios revitalizados de su Palabra a las necesidades de la juventud, y fue así como *Tu andar diario juvenil*, una guía práctica para los adolescentes para el estudio de la Biblia se concibió. Dios proporcionó valentía y capacidad a través de una pareja cristiana, y entonces, la visión de *Tu andar diario juvenil* llegó a ser una realidad.

Stan y Alma Vermeer, a su vez padres de tres dedicados jóvenes cristianos, inmediatamente captaron nuestra atención. Habiendo comunicado fielmente los principios de la Palabra de Dios a sus propios hijos sabían que una relación dinámica con Cristo era la clave para la plenitud y esperanza de la juventud de hoy. Transformando su acuerdo con la visión de *Caminata Bíblica* en acción, Stan y Alma ayudaron al lanzamiento de un recurso espiritual que ahora ha tocado a cientos de miles de jóvenes a lo largo y ancho de la nación.

Stan y Alma, nosotros en *Caminata Bíblica*, amorosamente y con gratitud, dedicamos este volumen a ustedes, los padrinos de *Tu andar diario juvenil*. Quiera Dios recompersarlos con el conocimiento de que vidas de jóvenes han sido cambiadas para siempre como resultado de su compromiso con Él.

Bruce H. Wilkinson
Editor Ejecutivo

Reconocimientos

Tu andar diario juvenil: La sexualidad, padres, popularidad y otros temas para la supervivencia de los jóvenes es una compilación fresca y nueva, materia de estudio de *Camino de Juventud* una revista para jóvenes publicada mensualmente por Caminata Bíblica. Agradecemos a toda la gente que nos ha ayudado durante años, especialmente a los adolescentes y líderes juveniles que han sido centro de estudio, que nos han facilitado sus fotos y que escribieron artículos y cartas decisivos para conducirnos por el camino correcto.

Agradecemos también las frecuentes contribuciones de Gene DiPaolo, Cary McNeal y Dan Nelson. Ellos de manera creativa nos han aportado muchísimo, tanto en el diseño artístico como en la edición de este libro.

Michelle Beeman, Kyle Henderson, Robyn Holmes, Kevin Johnson y Stuart McLellan, nuestro equipo de diseño y producción de *Tu andar diario juvenil,* han dedicado todo su tiempo y talentos para producir un libro que marcará una diferencia duradera en la vida de la gente joven. De principio a fin, su preocupación y oraciones han estado con aquellos que lean el libro. Nuestra especial gratitud a ellos por sus ideas creativas y su perseverancia en el proceso de producción.

Introducción

Como adolescente cristiano, ¿algunas veces te sientes confundido por el mundo moderno? ¿Alguna vez sientes la presión de hacer cosas que tú sabes que no deberías hacer? ¿En alguna ocasión te has hecho una pregunta seria sobre el cristianismo sin haber obtenido una respuesta? ¿Te has preocupado por compartir tu fe?

Si contestas una de esas respuestas con un SÍ, tengo buenas noticias para ti: ¡No estás solo! ¡Y el libro que tienes en tus manos puede ayudarte!

Tu andar diario juvenil está cuidadosamente diseñado para ayudarte a comprender la Biblia y aplicar su verdad a tu vida. *Tu andar diario juvenil* te ayudará a establecer la Biblia como tu Roca —tu cimiento en este mundo tan inseguro—. Ya no verás la Biblia como un libro de historias aburridas sobre cosas que sucedieron hace siglos. En vez de eso tú verás la Biblia como algo pertinente, un recurso vital para que tú vivas una vida feliz, exitosa y productiva.

Nosotros en *Caminata Bíblica* estamos emocionados de unirnos a Editorial Unilit para hacer de esta lectura bíblica una guía provechosa para ti. ¡Feliz progreso!

Bruce H. Wilkinson
Presidente y Editor Ejecutivo
Ministerios de Caminata Bíblica

Cómo sacar el mejor partido de *Tu andar diario juvenil*

Tu andar diario juvenil está organizado por temas —uno por cada semana. Tú puedes empezar con el primer tema o sencillamente saltar a cualquier punto en el libro. Simplemente deja un marcador en el sitio para recordar el punto donde quedaste.

Cada tema tiene una página introductoria de presentación (para una visión general del tema) y cinco páginas devocionales (una para cada día de la semana de lunes a viernes). Cada una de las páginas devocionales diarias incluye las siguientes cinco secciones:

1. *La historia inicial*: Plantea el problema
2. *Examina*: Muestra lo que dice la Biblia acerca del problema
3. *Reflexiona: estimula tu pensamiento sobre el problema*
4. *Practica*: Te ofrece sugerencias prácticas acerca del problema
5. *Graba*: Comparte otros pasajes bíblicos donde tú puedes encontrar otros consejos prácticos.
6. *Ora por esta intención*: Te permite escribir oraciones de petición y de alabanza.

¡Pero eso no es todo! Además de los temas devocionales de la semana *Tu andar diario juvenil* te educará, estimulará y motivará, debido a las siguientes características llamativas:

- *Tema candente:* Da respuestas bíblicas a un asunto actual e importante.
- *Búsqueda de satisfacción:* Estas páginas son historias de la búsqueda esencial de la naturaleza humana; una relación con Dios a través de Jesucristo.
- *Amplio mundo de la Palabra*: Estas páginas están llenas de pequeños hechos conocidos acerca de la Palabra de Dios. ¿Quién dice que aprender no puede ser agradable?
- *¿Qué es Dios en el mundo?*: Estas páginas presentan los atributos de Dios de una manera comprensible en la vida terrena.

¿Quieres hacer grandes cosas por Dios? ¡Por supuesto que sí! De otra manera no estarías leyendo este libro. Sigue las instrucciones antes indicadas y dentro de seis meses conocerás la Palabra de Dios mejor que hoy.

¡Y eso será algo grande!

Ministerios Caminata Bíblica

Ministerios Caminata Bíblica se inició de manera oficial a comienzos de 1970 en Portland, Oregón, con la enseñanza de sondeos del Antiguo y Nuevo Testamentos de la Biblia. El doctor Bruce H. Wilkinson estaba buscando una forma de enseñar la Palabra de Dios de una manera innovadora de tal modo que cambiara la vida de la gente.

El doctor Wilkinson oficialmente fundó *Caminata Bíblica* (CB) en 1976, como un ministerio sin ánimo de lucro. En 1978, se trasladó a su sede central en Atlanta.

Desde estos pequeño comienzos *Caminata Bíblica* se ha convertido en una de las organizaciones cristianas líder en América, con un ministerio internacional que se extiende a 21 países en 30 lenguas. Las oficinas sucursales están localizadas en Australia, Brasil, Gran Bretaña, Singapur y Nueva Zelandia.

Al enfocarse en temas centrales de la Escritura y su aplicación práctica a la vida, CB ha sido capaz de desarrollar y mantener una amplia aceptación en denominaciones y fraternidades alrededor del mundo. Además, ha iniciado, cuidadosamente, alianzas estratégicas de ministerio con más de cien organizaciones y misiones cristianas de amplia diversidad y antecedentes. CB tiene cuatro destacados ministerios: Seminarios, publicaciones, capacitaciones para el liderazgo y capacitación para videos.

La llamada del Señor ha sido clara y consecuente en Caminata Bíblica, a medida que se abre paso para realizar plenamente la gran comisión del Señor. La ética más elevada y los estándares de integridad se practican cuidadosamente cuando Caminata Bíblica excede su compromiso de excelencia no sólo en el ministerio sino también en sus políticas y procedimientos operacionales internos. No importa cuál, no importa dónde, el ministerio CB se centra en la Palabra de Dios, y anima a la gente de toda las naciones a crecer en el conocimiento de Él y en la obediencia sin reservas y el servicio a Él.

CONTENIDO

···SEGURIDAD·····

Atrévete a zafarte de tu frazadita

A medida que el hombre de negocios lee las páginas económicas, siente que el estómago se le baja hasta los pies.

La noche anterior a un importante juego del distrito, un estudiante de segundo año, clave de la defensa, está compitiendo.

En las semanas precedentes a la más grande fiesta del año, muchas jovencitas han estado coqueteando abiertamente y haciendo lo inimaginable con tal de conseguirse una invitación.

¡Lo que toda esta gente necesita es una buena dosis de seguridad!

"Porque nunca será sacudido; para siempre será recordado el justo. No temerá recibir malas noticias; su corazón está firme, confiado en el SEÑOR. Su corazón está seguro, no temerá, hasta que vea vencidos a sus adversarios".
Salmo 112: 6-8

Esteban se siente inseguro. Él no vive caminando de aquí para allá tiritando o temblando, ni tampoco lleva consigo una frazadita o se está chupando el dedo. Pero algunas veces se siente desconcertado cuando piensa en las cosas terribles que están sucediendo en el mundo: aborto, racismo, droga, SIDA, violencia, y toda clase de desastres naturales.

"Me atemoriza pensar cómo va a ser el mundo dentro de los próximos 10 años", susurra.

Desconcierto ante un mundo incierto

EXAMINA: Cualquier persona en un momento u otro puede referirse a la inseguridad que el rey David expresó en el Salmo 55:4-8.

"Angustiado está mi corazón dentro de mí, y sobre mí han caído los terrores de la muerte. Terror y temblor me invaden, y horror me ha cubierto. Y dije: ¡Quién me diera alas como de paloma! Volaría y hallaría reposo. Ciertamente huiría muy lejos; moraría en el desierto. Me apresuraría a buscarme un lugar de refugio contra el viento borrascoso y la tempestad".

"Confunde, Señor, divide sus lenguas, porque he visto violencia y rencilla en la ciudad. Día y noche la rondan sobre sus muros; y en medio de ella hay iniquidad y malicia. Hay destrucción en medio de ella y la opresión y el engaño no se alejan de sus calles" (Salmo 55:9-11).

REFLEXIONA: David deseaba tener alas como de paloma para volar hacia un campo apacible y reposar. ¿Alguna vez has experimentado esta misma situación? ¿Cuál es el lugar más apacible donde has estado? ¿Dónde te has sentido más seguro? ¿Qué situación del mundo o situación personal te hace sentir más inseguro?

PRACTICA: Nuestra meta esta semana es sencilla: Analizar lo que Dios dice acerca de encontrar seguridad en un mundo tan inseguro. Todos necesitamos de su ayuda: por eso ora de la siguiente manera:

"Padre, por favor háblame. Dame oídos abiertos y un corazón dispuesto a escucharte. Que al leer tu Palabra y al dedicarte estos momentos, yo pueda ir cambiando lentamente mis valores. Ayúdame a empezar a ver las cosas como tú, Padre, las ves. Dame una fe profunda, esa fe que procede de confiar plenamente en ti. Amén". (Ahora, regresa a la página anterior y vuelve a leer los versículos de la cita bíblica.)

GRABA: Lee una detallada descripción de los tiempos en que vivimos en 2 Timoteo 3:1-5.

• • • • • • • UNO **SEGURIDAD** • • •

En agosto, María comenzó a salir con Gerardo. Simpático, alegre y atlético, Gerardo era todo lo que María había soñado.

El problema es que sin darse cuenta ella había edificado todo su mundo alrededor de Gerardo.

Durante dos meses todo su valor estaba basado en cómo él la trataba. Sus halagos la hacían sentir muy bien, pero sus críticas la hacían sentir poca cosa.

Este estilo de vida tipo yo-yo, de seguridad-inseguridad llegó a su clímax anoche cuando Gerardo cortó repentinamente la cuerda. María se siente más que destruida... y ahora se siente totalmente insegura.

¡No pongas tu confianza en el hombre!

EXAMINA: La Biblia nos enseña que no debemos depender de otros para alcanzar nuestra seguridad.

• "Dejad de considerar al hombre, cuyo soplo de vida está en su nariz, pues ¿en qué ha de ser él estimado?" (Isaías 2:22).

• "Así dice el SEÑOR: Maldito el hombre que en el hombre confía, y hace de la carne su fortaleza, y del SEÑOR se aparta su corazón" (Jeremías 17:5).

REFLEXIONA: Tú, querido joven, ¿basas tu seguridad en la forma en que otros te tratan?

¿Cuál es el peligro en este estilo de afrontar la vida?

En un mundo de gente pecadora. ¿Es realista pensar en encontrar a alguien que jamás llegue a fallarte o traicionarte?

PRACTICA: Resuelve el siguiente cuestionario:

Verdadero Falso

____ ____ 1. Me destruiría el hecho de saber que mis amigos de repente me traicionan.

____ ____ 2. No puedo soportar no estar acompañada.

____ ____ 3. Lo que piensan de mí los muchachos de mi colegio me preocupa más que cualquier otra cosa.

4. Odio estar sola.

____ ____ 5. No soy feliz a menos que esté con mi familia o mis amigos.

____ ____ 6. Si alguien muy cercano a mí muere, o si mis padres se divorcian creo que no me gustaría seguir viviendo.

Una respuesta verdadera, a algunos de estos enunciados indica que para tu seguridad tú dependes de los demás. Discute los versículos de la Biblia ya señalados, el cuestionario y otras ideas de esta página con algunos cristianos maduros —y después oren lo unos por los otros.

GRABA: Lee Isaías 31:1.

Ora por esta intención:

DOS

15

La madre de Susana se retiró de su trabajo y ahora está preocupada por la falta de seguro médico para su familia.

Después de escuchar en la radio que una persona se ganó la lotería —2.5 millones al año, durante los próximos 20 años— Susana se tendió en su cama y comenzó a fantasear.

"Imagine... ¡Cincuenta millones! Me compraría la casa más grande, los mejores carros, lindos vestidos, y si nosotros quisiéramos podríamos tener hasta médico personal.

¿No sería estupendo?

No habría más preocupaciones en el mundo: ¡Sería la gran vida!

No pongas tu confianza en el dinero

EXAMINA: Mucha gente cree que el dinero es lo único que puede resolver los problemas. ¡Falso! ¡El dinero nunca podrá proporcionar por sí solo la seguridad! Mira lo que ocurre a estos dos hombres ricos:

Job: "Si he puesto en el oro mi confianza, y he dicho al oro fino: Tú eres mi seguridad; si me he alegrado porque mi riqueza era grande, y porque mi mano había adquirido mucho, ... eso también hubiera sido iniquidad que merecía juicio, porque habría negado al Dios de lo alto " (Job 31: 24-25,28).

Salomón: "La fortuna del rico es su ciudad fortificada, y como muralla alta es su imaginación" (Proverbios 18:11).

REFLEXIONA: ¿Te apoyas siempre en el dinero para ver tu posición en la vida? ¿Tener un cierto estilo de vida —tendrás que pagar por ello— es lo más importante en tu futuro?

¿Puedes imaginar de alguna manera que el dinero no es tan seguro como parece? ¿Y cómo él podría desaparecer rápidamente?

PRACTICA: Lucha contra el afán de poner la seguridad en el dinero. Ron Blue, en su libro "Maneje usted su dinero" (Thomas Nelson Editores), te ofrece tres reglas que te ayudarán a poner el dinero en su justa perspectiva:

1. Dios es el dueño de todo.

2. El dinero nunca es un fin en sí mismo, sino principalmente una fuente para alcanzar otras metas y deberes.

3. Gasta menos de lo que ganes y hazlo así por mucho tiempo y tendrás éxito económicamente.

Suena sencillo, ¿no es verdad? El principio de Dios es confianza, no codicia. Si eres codicioso te destruirás (aunque tardes dos generaciones). Pero si tienes confianza, Dios te bendecirá a ti, a tus hijos y a los hijos de tus hijos (Proverbios 13: 22).

GRABA: Lee Salmo 52:1-7 y Timoteo 6:17.

• • • • • • • • **TRES SEGURIDAD** • • •

Tania ha regresado del colegio hecha un mar de lágrimas. En la sexta hora de clases encontró a sus "amigos" divulgando acerca de ella un rumor malintencionado que la exponía a la vergüenza. "No volveré a ser capaz de mirarles la cara otra vez", gemía.

El señor Ramiraz rodeó a su hija con los brazos y la apretó junto a sí consolándola. "Querida hijita, lo siento y sé que lo que te digo no cambiará tu situación, pero... te amo mucho". "Gracias, papito", sollozó Tania.

Busca la fuente de tu seguridad

EXAMINA: ¿No es maravilloso tener un padre terrenal que te cuida y te ama?

¿No es mucho más maravilloso aun tener un Padre celestial que te cuida perfectamente y en todo momento?

• "Al SEÑOR he puesto continuamente delante de mí; porque está a mi diestra, permaneceré firme" (Salmo 16:8).

• "Porque el rey confía en el SEÑOR, y por la misericordia del Altísimo no será conmovido" (Salmo 21:7).

• "De manera que decimos confiadamente: El Señor es el que me ayuda; no temeré. ¿Qué podrá hacerme el hombre? (Hebreos 13:6).

Ves el hilo común que une estos pasajes de la Biblia. Es éste: ¡La fuente máxima de tu seguridad es el Señor nuestro Dios.

REFLEXIONA: Es bueno acercarte a tus amigos o a tu familia con tus problemas. Pero recuerda esto: la gente te fallará algún día. También ellos tienen días malos y tienen problemas como tú. Por eso, si pones tu confianza sólo en ellos, algún día te desilusionarán. Acude primero al Señor. Con Él, como tu seguridad, no te derrumbarás aunque el mundo se te venga abajo.

PRACTICA: La gente busca su seguridad en toda clase de cosas: una relación amorosa, un puntaje alto, una familia cálida, un buen empleo, un futuro promisorio, un talento especial o una habilidad natural, grupo de amigos, una cierta rutina, buena apariencia y bienes materiales.

Haz una lista de posibles problemas que afronta la gente que hace de las cosas arriba mencionadas, la fuente de su seguridad. Si sientes que estás poniendo tu confianza en una de esas cosas más que en el Señor, pídele a Él que te muestre cómo puedes cambiar.

GRABA: Lee Salmo 55:22.

Ora por esta intención:

CUATRO

17

Establece tu propio sistema de seguridad

Marcos supo que iba a hacer su primera presentación en el equipo de fútbol.

Así se lo hizo saber a sus padres, a su novia y a otros compañeros de clase.

Imagina la sorpresa de Marcos (y la vergüenza cuando ni siquiera pudo iniciar, ¡apenas si alcanzó a hacer 10 jugadas en los dos primeros partidos!)

Marta había sentido pánico y se sentía angustiada desde hacía tres semanas.

Ella y su novio habían ido demasiado lejos y estaba terriblemente angustiada, porque tal vez está embarazada.

EXAMINA: A menudo, nuestras acciones determinan si somos seguros o inseguros. Nosotros encontramos seguridad cuando:

• Obedecemos a Cristo: "Por tanto, cualquiera que oye estas palabras mías y las pone en práctica, será semejante a un hombre sabio que edificó su casa sobre la roca; y cayó la lluvia, vinieron los torrentes, soplaron lo vientos y azotaron aquella casa; pero no se cayó, porque había sido fundada sobre la roca" (Mateo 7:24-25).

• Vivimos sabiamente: "El que confía en su propio corazón es un necio, pero el que anda con sabiduría será librado" (Proverbios 28:26).

Sin embargo, nosotros experimentamos inseguridad cuando:

• Somos orgullosos: "Por tanto, el que cree que está firme, tenga cuidado, no sea que caiga" (Corintios 10:12).

• Desobedecemos a Dios: (Mateo 7:26-27)

REFLEXIONA: ¿Qué podrían haber hecho Marcos y Marta para evitar la inseguridad que experimentan ahora?

PRACTICA: Establece tu propio sistema de seguridad.

1. Obedece la palabra de Dios. Los mandamientos que parecen tan negativos —no relaciones sexuales, no fiestas, no conversaciones indecentes, no fraudes— se vuelven ahora positivos. ¡Siguiéndolos se construye la seguridad!

2. Rodéate de personas que quieren vivir para Dios. Los rebeldes y los inseguros quieren arrastrarte. La miseria busca compañía, ¿verdad?

3. Profundiza en el conocimiento de Cristo Jesús (Él te ama y te acepta totalmente como eres). Él nunca te rechaza. ¡Tú puedes contar con Él!

GRABA: Lee cómo el orgullo trajo destrucción (y en última instancia inseguridad) a Edón —Abdías 3-4. El sábado, lee el Salmo 46; el domingo, lee más sobre la fuente máxima de la seguridad y ayuda, en el Salmo 40.

CINCO **SEGURIDAD** ··

···TENTACIÓN···

Decir no a los esquemas de Satanás

Algunas personas viven siempre buscando problemas, y ¡los encuentran con un éxito asombroso!

Claro que tú no, lo sé. El hecho que tú estés leyendo este libro significa que eres diferente. Tú quieres vivir para Dios.

Tú quieres vencer las tentaciones de tu vida. Y probablemente te gustaría alguna ayuda.

Pues, bien, ¡has venido al lugar preciso! Nuestra meta esta semana es comprender la tentación de una mejor manera, de tal modo que podamos aprender a decir no a los esquemas seductores del demonio

"... para que Satanás no tome ventaja sobre nosotros, pues no ignoramos sus ardides".
2 Corintios 2:11

Simples incidentes o problemas potenciales?

• Parado frente a la estantería de un gran almacen, Carlos grita a su amigo: "José, llevémonos esto".

• "Oigan, ustedes todos, aprovechemos!¡Mis padres estarán fuera de la ciudad hasta mañana!"

• "Estudiantes, tengo que salir del aula dos minutos. Por favor, mantengan los ojos en sus exámenes".

• "Mira te prometo que pararemos tan pronto como las cossa se nos empiecen a salir de las manos".

Anatomía de una seducción

EXAMINA: Un ejemplo clásico de tentación es el rey David que cayó en adulterio y asesinato.

"Aconteció que en la primavera, en el tiempo cuando los reyes salen a la batalla, David envió a Joab y con él a sus siervos y a todo Israel.... Pero David permaneció en Jerusalén.

"Y al atardecer David se levantó de su lecho y se paseaba por el terrado de la casa del rey, y desde el terrado vio a una mujer que se estaba bañando; y la mujer era de aspecto muy hermoso. David mandó a preguntar acerca de aquella mujer" (2 Samuel 11:1-3).

El versículo siguiente dice: "David envió mensajeros y la tomó; y cuando ella vino a él, él durmió con ella" (verso 4). Quizás tú conozcas el resto del relato. La mujer, Betsabé, quedó embarazada y David mandó asesinar al esposo de ella, Urías, para ocultar su pecado.

REFLEXIONA: ¿Crees tú que David pensó conscientemente: "Yo sé qué va a suceder. Yo pasaré la noche con la esposa de Urías ¡por unas pocas horas de placer, yo arruinaré mi vida! ¿Eso es lo que realmente quiere llevar a cabo hoy?"

¡Por supuesto que no! Nadie hace planes a propósito para destruir su propia vida! Sin embargo, piénsalo bien: Si una persona de Dios como David pudo tan fácilmente caer en la tentación, ¿qué te diría eso a ti y a mí?

PRACTICA: Aprende de los errores de David:

l. Permanece donde te corresponda: si David hubiera estado con sus tropas, él no habría pecado.

2. No estés ocioso. Por estar vagando sin nada que hacer David fue un candidato de primera para una gran caída.

3. A la primera señal de dificultad, ¡huye! (David se detuvo y miró descaradamente.)

4. No te entretengas con los pensamientos pecaminosos (tan pronto como David averiguó acerca de Betsabé, ya estaba atrapado. Lo único que le quedaba era enviar por ella).

GRABA: Lee Santiago 1:14-15.

UNO **TENTACIÓN**

Patricia, una joven estudiante de segundo año que padece bulimia, gemía: "Por qué Dios me tentará de esta manera", mientras observa alimentos frente al mostrador de su amigo.

• Después de ir demasiado lejos con su novia (¡otra vez!) Miguel trata de aliviar su conciencia culpable pensando y justificándose: "Si Rosa no fuera tan hermosa... La forma en que me mira, como se viste ... ¡ella es la culpable!

¿Quién da las órdenes?

EXAMINA: Lee sobre todas esas excusas a la luz de la palabra de Dios:

Primero, la idea de que Dios es fuente de tentación: "Que nadie diga cuando es tentado: Soy tentado por Dios; porque Dios no puede ser tentado por el mal y Él mismo no tienta a nadie" (Santiago 1:13).

Segundo, otras son la fuente de tentación.

"Jesús hablaba de esto abiertamente (arresto o crucifixión y resurrección), Pedro, tomándolo aparte, se puso a reprenderle.

"Mas Él, volviéndose... reprendió a Pedro y le dijo: ¡Quítate de delante mí, Satanás!" (Marcos 8: 32-33).

REFLEXIONA: La reacción de Jesús hacia Pedro es interesante. Ella nos dice que Satanás es la fuente de tentación en nuestras vidas. Dios está involucrado en el sentido que permite que nosotros seamos tentados, y la gente está involucrada en el sentido en que Satanás las usa para tentarnos a hacer el mal. Pero el verdadero tentador es el diablo mismo. ¿De qué manera Satanás ha estado utilizando recientemente la gente para que tú hagas lo malo?

PRACTICA: ¿Has estado culpando a Dios o a otras personas de la tentaciones que se te presentan en tu vida? Recuerda que la gente no es responsable de ello. El ingeniero que trabaja detrás de todo esto es el diablo mismo.

Ora de esta manera: "Padre del cielo, yo estoy constantemente tentado por todas partes. Gracias por mostrarme quién es el verdadero culpable. Ayúdame a no tomar al diablo tan a la ligera. Dame la sabiduría necesaria para combatirlo y dame también el deseo de decir NO a los esquemas del demonio. Gracias en el nombre de Jesús, Amén".

GRABA: Averigua más sobre Satanás, el maestro tentador. Lee 1 Crónicas 21:1; 2 Corintios 11:3 y 1 Tesalonicenses 3:5.

Ora por esta intención:

DOS

■ ■ ■ ■

Arroja la piedra a su propio camino

Ana, alumna de la escuela secundaria, recibió un formulario de solicitud de crédito por correo.

Y se dijo: "¿Qué diferencia hay entre enviarla o no; quizás me la den realmente..." Al final, ella solicitó una tarjeta a su nombre.

¿Creerán ustedes que recibió la tarjeta? Y creerán también que en seis semanas, ella despilfarró $565.

"Mis padres van a matarme".

Es que cada vez que voy al centro comercial, y veo todas las cosas que me gustan no puedo decir no.

EXAMINA: *Pregunta:* ¿Cómo podemos vencer la tentación? (despilfarrar demasiado dinero, vernos en problemas de tipo sexual, hacer trampas en el colegio, comer demasiado o ir donde no se debería ir)? *Respuesta:* Siguiendo el ejemplo de Jesús.

Llevado al desierto, el Hijo de Dios fue sometido a múltiples tentaciones. Y en cada vez Cristo rechazó la tentación citando las Escrituras. Finalmente, Él dijo:

"¡Vete, Satanás! Porque escrito está: Al Señor tu Dios adorarás, sólo a Él servirás".

"El diablo entonces le dejó: y he aquí, ángeles vinieron y le servían" (Mateo 4:10-11).

REFLEXIONA: Quítate la idea de que es el diablo quien puede hacerte caer en el pecado. (Como vimos en el pasaje anterior, Satanás es fuente de tentación. Y el único que constantemente nos está mostrando ofertas tentadoras. Sin embargo, nosotros siempre podemos escoger entre pecar o no pecar.) Cuando nosotros caemos en tentación, no podemos inculpar a Dios, a nuestros amigo o al diablo mismo. ¡La culpa es nuestra!

PRACTICA: Jesús citó siempre las Escrituras como una defensa contra la tentación. Independiente de los sentimientos o las circunstancias. Él se mantuvo haciendo refe-rencia a la Palabra de Dios. Cada vez que el tentador abría su boca. Jesús respondía..." "Escrito está..."

Este es un buen ejemplo para seguir, citar versículos de la Biblia, en el fragor de las batallas espirituales. Así, pues, memoriza hoy un par de versículos que tengan relación con las tentaciones específicas que estás afrontando.

Entonces, para que te diviertas, escucha la novedosa canción "Hombre de barro" del álbum de Morgan Cryar "Como un río" (Reunion Records).

GRABA: Lee la promesa alentadora de Jesús en Santiago 4:7 ¡y pídele esta promesa todo el día!

TRES TENTACIÓN

La idea de Marta acerca del cielo sería la de un lugar soleado con muchos caminos abiertos donde ella pudiera hacer lo que quisiera: levantar el techo de su Volkswagen convertible, encender el estéreo y conducir a su antojo. Más que cualquier otra cosa, a ella le fascina manejar.

El problema es que si Marta sólo tiene 14 años, ¿cómo sabe realmente qué tan divertido es conducir? Respuesta: Ella saca el carro a escondidas cuando sus padres están fuera de casa. En el momento en que ellos se ausentan, el tentador le grita: "¡Ve por el carro Marta! ¡Ahora es tu oportunidad!"

Ella parece que no puede decir no.

Conviértete en vencedor

EXAMINA: ¿Cómo podría Marta (o cualquiera) llegar a ser un vencedor cuando la tentación ataca?

1. Recordando los mandamientos de Dios: "Ni presentéis los miembros de vuestro cuerpo al pecado como instrumentos de iniquidad, sino presentaos vosotros mismos a Dios como vivos de entre los muertos, y vuestros miembros a Dios como instrumentos de justicia" (Romanos 6:13).

Recordando la promesa de Dios: "No os ha sobrevenido ninguna tentación que no sea común a los hombres; y fiel es Dios, que no permitirá que vosotros seáis tentados más allá de lo que podéis soportar, sino que con la tentación proveerá también la vía de escape" (1 Corintios 10:13).

REFLEXIONA: ¿Cómo aconsejarías a Marta? ¿Hay un aspecto particular en tu vida en el cual, como Marta, a ti te parece que eres especialmente susceptible de caer en tentación?

¿Qué consejo le darías a alguien que está afrontando un problema semejante al tuyo? ¿Por que no tomas para ti tu propio consejo?

PRACTICA: Hoy cuando te asalte la tentación (y vendrá a menos que estés muerto), recuerda:
• Otros están afrontando una tentación similar, júntense y fortalézcanse unos a otros.
• Dios no permitirá que la tentación supere tus fuerzas. (No importa cómo te sientas, tú puedes resistir.)
• Dios te mostrará una salida. (Busca un agujero por donde salir.)

Si tú quieres realmente luchar contra la tentación, lee el magnífico libro *Tentación* escrito por Charles Stanley.

GRABA: Lee Proverbios 1:10.

Ora por esta intención:

CUATRO

23

Alberto de 15 años tiene problemas con la lujuría.

Como cristiano él se siente verdaderamente culpable cuando cede en esta tentación: lee la revista *"Playboy"*, y se masturba.

Él ha orado por este problema, ha leído todo lo que ha encontrado sobre este tema y se prometido seriamente no continuar; pero nada parece darle resultado.

"¿Qué puedo hacer para que la tentación de la lujuria se aparte de mí?"

La buena nueva acerca de la tentación

EXAMINA: La mala noticia es que en la vida siempre tendremos que afrontar las tentaciones y la buena noticia es que nosotros podemos evadir algunas tentaciones y escapar de las demás.

¿Recuerdas a José? Cuando la esposa de su señor le rogó que durmiera con ella, mira cuál fue su reacción:

"Y ella insistía a José día tras día, pero él no accedió a acostarse con ella, o a estar con ella. Pero sucedió un día que él entró en casa para hacer su trabajo, y no había ninguno de los hombres de la casa allí dentro; entonces, ella lo asió de la ropa, diciendo: ¡Acuéstate conmigo! Mas él le dejó su ropa en la mano, y salió huyendo" (Génesis 39:10-12).

REFLEXIONA: José evitó a la esposa de su amo tanto como le fue posible y cuando ella ya lo tenía arrinconado, prácticamente, ¡huyó de ella! ¿Por qué será tan importante mantener la tentación en su cauce? Porque las tentaciones son como gato extraviado. ¡Alimenta uno y verás como regresa prontito con todos sus amigos! Cuando tú estás en una situación potencialmente peligrosa, ¿haces todo lo posible para huir de ella? (2 Timoteo 2:22).

PRACTICA: Si te sientes tentado por:

• La lujuria —evita ciertas películas, revistas y espectáculos de televisión.

• Las situaciones sexuales —asiste a reuniones en grupo y evita los lugares oscuros y solitarios.

• Fraude en el colegio —estudia con tenacidad y siéntate solo.

• El trago —apártate de las fiestas y de lugares donde se sirve alcohol.

• Sé práctico —no vayas al centro comercial. ¡Parte de la solución para evitar caer en tentación es tener sentido común!

GRABA: El sábado mira la manera equivocada para responder a la tentación, en Proverbios 7:6-27. Entonces el domingo reflexiona sobre la verdadera respuesta a la tentación 2 Reyes 5:16.

CINCO

• • • • • TENTACIÓN • • •

COMPETIR
La verdad acerca de competir

★ ★ ★ ★ ★ ★ ★ ★ ★ ★

Ninguna persona honesta podría negar tener, por lo menos en ciertos aspectos de la vida la urgencia profunda de sobresalir. Y ninguna persona pensante podría negar que la actitud de salir adelante a cualquier precio invade nuestra sociedad.

Pero, ¿es buena la competencia? Qué decir, por ejemplo ¿de las conductas antideportivas en el campo atlético? ¿...de la lucha por captar toda la atención en el hogar? ... ¿la mentalidad "implacable" en el aula? ...las pequeñas rivalidades entre las iglesias? ¿...las traiciones entre los amigos?

"Porque mis pensamientos no son vuestros pensamientos, ni vuestros caminos mis caminos —declara el SEÑOR".
Isaías 55:8

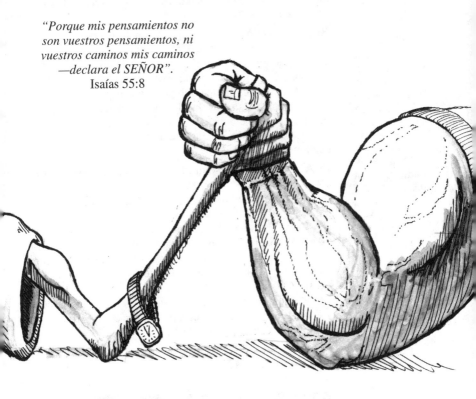

★ ★

Disfruta en los juegos y en las diversiones

Desde la edad de cinco años Samuel ha estado jugando golf.

Lecciones, práctica diaria, torneos; el hecho es que la vida de Samuel es el golf. O mejor dicho, ganar en el golf.

(Sus padres esperan que algún día él llegue a ser un profesional.)

Samuel está tan obsesionado en llegar a ser el mejor, que él altera los resultados, maldice y reniega de los clubes después de un mal tiro y los mira con desprecio cuando derrota al oponente.

De ahí que nadie quiere jugar con él!

EXAMINA: La Biblia proporciona sabiduría y nos advierte la necesidad de no tomar los deportes tan seriamente:

1. Nuestro valor como individuos está basado en lo que somos (Génesis 1:27: Colosenses 3:12) y no en lo que hacemos.

2. Las proezas atléticas son muy limitadas y de un valor efímero (Timoteo 4.8). ¿Qué tan bueno puede ser ganar un partido si en el proceso tú eres un amigo corrompido y un cristiano sin compromiso?

3. Jesucristo, y no el ganar debe ser lo primero en nuestras vidas. "Él es también la cabeza del cuerpo que es la iglesia; y Él es el principio, el primogénito de entre los muertos, a fin de que Él tenga en todo la primacía" (Colosenses 1:18).

REFLEXIONA: ¿Qué nos divertía en los deportes? Cuando niños simplemente nos divertía aprender a jugar fútbol, a correr de un lado a otro con nuestros amigos, caíamos, reíamos juntos. Pero luego nos volvimos adultos y convertimos los deportes en una trampa de ganar y perder.

Casi inmediatamente la alegría desapareció. El juego llegó a ser una competencia, los resultados eran lo más importante y los oponentes se convirtieron en nuestros enemigos.

PRACTICA: Lucha contra la mentalidad de ganar a toda costa, así:

• No lleves cuenta de los puntajes la próxima vez que juegues.

• Cambia tu meta de "derrotar al otro sujeto" por hacer un buen tiro, ejecutar un buen pase o mejorar tu técnica.

• Si no puedes participar en ciertas actividades sin llegar a acalorarte y a ponerte tenso, apártate de dichas actividades por unas pocas semanas.

• Más importante es pedirle a Dios que cambie tus deseos y actitudes. Pídele que te enseñe a jugar con alegría y no por un resultado final en tu mente.

GRABA: Lee sobre el peligro de gozarse por un oponente caído —Proverbios 24:17-18.

★ ★ ★ ★ ★ UNO **COMPETIR** ★ ★ ★ ★

Competir... relativamente hablando

Cuando Pedro, de 17 años, atravesaba por la habitación de su hermano menor, él alcanzó a oír un entrecortado sollozo.

Después de 10 minutos de estar golpeando fuertemente la puerta y 10 minutos más de gritar: "Andrés, soy yo, ábreme, qué te pasa?", él finalmente me confesó: "Mamá y papá nunca te reprenden. Todo lo que tú haces es perfecto y maravilloso. Mientras que nada de lo que yo hago está bien. Te aseguro que papá me dice 50 veces por semana: '¿Por qué no puedes ser como Pedro?'"

EXAMINA: Competir por amor y buscar aprobación. La mayoría de nosotros lo hace consciente o inconscientemente todo el tiempo.

He aquí dos ejemplos:

1. La historia de los hermanos Esaú y Jacob: "Al oír Esaú las palabras de su padre clamó con un grande y amargo clamor y dijo a su padre: ¡Bendíceme, bendíceme también a mí, padre mío! Y añadió: ¿No has reservado alguna bendición para mí?"... Y Esaú alzó su voz y lloró" (Génesis 27:34; 36; 38).

2. La historia del hijo pródigo (Lucas 15:11-32).

REFLEXIONA: ¿Compites con tus hermanos por el amor y el favor de tus padres? ¿Qué estrategias utilizas para tratar de captar su atención? ¿Es correcto que los padres tengan favoritismos? ¿Por qué sí y por qué no? ¿Cómo te hace sentir esto? ¿Tu familia se sentiría mejor si este tipo de competencia terminara?

PRACTICA: El problema de la competencia (especialmente las rivalidades entre hermanos y hermanas) es que siempre terminan con ganadores y perdedores. Si tú pierdes, te sientes terrible, pero si ganas, entonces son los otros los que se sienten así. De todas maneras, no importa lo que pase, alguien termina herido.

Si tus padres te tratan de una manera especial, trata de desviar parte de esa atención a tus hermanos. Enorgullécete de ellos ante tus padres. Saca a relucir las cosas buenas que ellos hacen. Si el trato especial continúa, habla con tus padres y exprésales tu opinión.

Si eres tú el que siente que no le hacen caso, habla con Dios y con algún amigo acerca de tus sentimientos heridos. Entonces, acércate a tus padres en oración y hazles saber cómo te sientes.

GRABA: Lee otro acontecimiento de rivalidad fraterna —Génesis 37:1-4.

Ora por esta intención:

★ ★ ★ ★ ★ DOS

27

Mariana siempre saca sobresaliente en todo.

Es inteligente y lo sabe, y permite que todo el mundo lo sepa. Su meta es llegar a ser la alumna que haga el discurso de despedida en su curso.

El problema es que David es igualmente inteligente y está dispuesto a graduarse como el número uno en su clase.

Qué competencia encarnizada. Los dos estudiantes se siguen la pista vigilantes el uno al otro...

Celebran cualquier pregunta mal hecha... y se regocijan con cada desliz del "enemigo".

Crujidos en el salón de clase

EXAMINA: No tiene nada que ver con calificaciones, gente que viene haciendo jerarquías de todo, pero la siguiente referencia bíblica a Satanás ilustra que el orgullo es a menudo la mejor motivación que hay detrás de nuestros deseos de llegar a ser el número uno.

"Pero tú dijiste en tu corazón: 'Subiré al cielo, por encima de las estrellas de Dios levantaré mi trono, y me sentaré en el monte de la asamblea, en el extremo norte. Subiré a las alturas de las nubes, me haré semejante al Altísimo'" (Isaías 14:13-14). Quizás estaba pensando en el verso que C.S. Lewis prometió escribir en *Cristianismo puro*: "El vicio por excelencia, el pecado más alto es el orgullo... fue a causa del orgullo que el diablo llegó a ser diablo, el orgullo lleva a todos los otros vicios; es el completo estado mental de anticristo".

REFLEXIONA: Lewis, el autor citado anteriormente, continúa con este comentario penetrante:

"El orgullo es esencialmente competitivo —es competitivo por su naturaleza misma—. El orgullo no siente el placer de tener algo, sino de tener más que los demás. Es la comparación que hace el orgullo: el placer de estar por encima de los demás".

¿Te sientes orgulloso cuando recibes una calificación? ¿En otras áreas de la vida?

PRACTICA: Primero, pídele a Dios que cambie tu actitud de "Tengo que ser el mejor" por "Quiero hacer lo mejor".

Segundo, evita averiguar sobre los salarios o puntajes que otros reciben. (¿Porque qué ganas con eso? Si el tuyo es mejor te sentirás orgulloso, y si es peor, te sentirás estúpido!)

Tercero, que tu meta en la escuela sea aprender, y no obtener calificaciones.

GRABA: Lee en la Biblia cómo el Señor resiste a los soberbios —Proverbios 3:34; Santiago 4:6; 1 Pedro 5:5-7.

★ ★ ★ ★ ★ **TRES COMPETIR** ★ ★ ★ ★

Pero... si somos del mismo equipo

La iglesia A y la iglesia B no solamente están en el mismo vecindario sino que además son parte del mismo grupo religioso. Tú podrías esperar que trabajaran juntas en proyectos.

Pues bien, piénsalo y verás. La verdad es que estas dos iglesias actúan como si fueran enemigos a muerte.

Si A ordena un nuevo ministro, B hace lo mismo. Si los jóvenes del grupo B planean un evento, entonces los jefes del grupo A programan un actividad mucho más grande.

EXAMINA: ¡Oigan, cristianos! No estamos compitiendo unos contra otros. Ni nunca lo hemos estado. ¿Verdad?

"Porque cuando uno dice: Yo soy de Pablo, y otro: Yo soy de Apolos, ¿no sois simplemente hombres? ¿Qué es, pues, Apolos? Y ¿qué es Pablo? ¡Servidores mediante los cuales vosotros habéis creído, según el Señor dio oportunidad a cada uno. Yo planté, Apolos regó, pero Dios ha dado el crecimiento. Así que ni el que planta ni el que riega es algo, de modo que ni el que planta es algo, ni el que riega, sino Dios que da el crecimiento.... Porque todos somos colaboradores de Dios" (1 Corintios 3:4-7; 9 a).

REFLEXIONA: Durante la noche, todas las partes de tu cuerpo cooperan tranquilamente. Cada nervio decide. ¡Quiero toda la atención en mí!" De repente, todo tu cuerpo se despierta y cruje o se queja de dolor.

Entonces tu corazón se vuelve a tus ojos y les dice: "Apuesto que yo puedo latir más rápido de lo que ustedes son capaces de parpadear" ¡Y, arranca!

Con cada parte de tu cuerpo que está haciendo lo suyo a su propio ritmo, ¡muy pronto tu cuerpo caería en un caos total! serías incapaz de funcionar. Es lo mismo que sucede cuando los miembros del cuerpo de la iglesia compiten en lugar de colaborar.

PRACTICA: Trabaja para crear un espíritu de cooperación entre tus amigos cristianos:

• Ora por la unidad (Juan 17:22-23).

• Rechaza la tentación de hablar mal de otros creyentes o de otras iglesias (1 Timoteo 5:13).

• Lee de nuevo las palabras de Pablo en 1 Corintios 3 y observa que la atención y las metas de todos los cristianos deben ser las mismas: dar gloria a Dios y no a nosotros.

GRABA: Observa que las disensiones y los celos (en otras palabras, competitividad) están incluidos en una lista de comportamientos indeseables —Romanos 13:13.

Ora por esta intención:

☆ ☆ ☆ ☆ ☆

CUATRO

Con amigos como estos...

Marcos está furioso. He aquí por qué: Hace dos semanas, él conoció a María, una chica nueva en la iglesia. Él habló con ella durante 5 minutos, quedó flechado.

Tan pronto como él se encontró con Ricardo, su mejor amigo le dijo todo: "¡Ella es formidable! La voy a llamar esta noche para pasar con ella el fin de semana". Seguramente, María también estaba interesada, pero tenía que salir de la ciudad.

Cuando Marcos la llamó otra vez, ella le respondió: "Me gustaría mucho, Marcos, pero estoy comprometida para ir a esquiar en la nieve con Ricardo". Ahora, sabes tú ¿por qué Marcos está herido y furioso?

EXAMINA: Examina algunas reglas que pueden ayudar a reducir la competencia entre amigos:

• La regla de oro: "Y como queréis que hagan los hombres con vosotros, así también haced vosotros con ellos. (Lucas 6:31 RV).

• La regla del amor: El amor no hace mal al prójimo. El amor es; por tanto, el amor es el cumplimiento de la ley" (Romanos 13:10)

• La regla de la generosidad: "Nadie busque su propio bien, sino el de su prójimo" (1 Corintios 10:24).

¡Sigue estas reglas y tus amistades sólo podrán ayudarte a ser cada vez mejor!

REFLEXIONA: ¿Alguna vez has sufrido una golpiza como la que Ricardo le propinó a Marcos? ¿Qué pasó? ¿Qué pasaría si tú estuvieras en los zapatos de Marcos? ¿Qué respuesta deberías dar a Marcos? ¿Cualquier cosa?

PRACTICA: Haz una lista de las situaciones competitivas que tú enfrentas con tus amigos más cercanos rivalizando por los mismo honores, premios, puesto en el equipo, oficina electiva, novio, novia, etc.)

Date cuenta de si tú permites que todas esas cosas te separen de tus amigos o de si tú has podido poner en práctica las reglas mencionadas en la primera parte de este episodio (Examina).

Di: "La regla de oro me exige que yo _____ en esta situación". (¡Sé específico!)

Procede en la misma forma con cada regla... y para cada área de problemas potenciales.

GRABA: El sábado, considera cómo Abraham evitó competir con Lot (Génesis 13:5-12). El domingo, compara el espíritu de humildad de Cristo con el espíritu de competencia que prevalece en nuestra sociedad —2 Corintios 8:9.

 **CINCO** # COMPETIR ★ ★ ★ ★

DIVORCIO

Hasta, hace algún tiempo... El divorcio era una palabra sucia. Era un escándalo algo hecho en secreto, quizás en Hollywood. Y nada más. Ahora más de la mitad de los que se casan terminarán divorciándose. Pero, ¿qué está sucediendo en el mundo?

No es el ideal de Dios: La Biblia condena el divorcio en el sentido más fuerte de la palabra: *"Porque yo detesto el divorcio, dice el Señor, Dios de Israel"* (Malaquías 2:16).

Siempre ha estado en los planes de Dios que las parejas permanezcan unidas hasta la muerte. Porque cuando un hombre y una mujer se unen en matrimonio, ellos se hacen una sola carne (Génesis 2:24). Jesús hizo notar esto y, además agregó: *"Lo que Dios ha unido, ningún hombre lo separe"* (Mateo 19:6).

Claramente, el divorcio no es parte del plan prometido de Dios. Aunque él lo ha permitido bajo raras circunstancias (Esdras 9:10); el divorcio nunca es un acto que glorifica a Dios o proporciona felicidad a la pareja.

Diversos puntos de vista: Los cristianos se encuentran fuertemente divididos en relación con el divorcio. Algunos, citan las palabras de Jesús, antes mencionadas, y creen que el divorcio es un error en todos los casos. Estos creyentes admiten una separación *temporal* con el fin de resolver los problemas pero no ven el divorcio como una opción.

Otro punto de vista sostiene que el divorcio, aunque nunca es *deseable*, es *permisible* cuando la inmoralidad sexual ha roto las relaciones matrimoniales. Esta posición se basa en la sentencia de Jesús en Mateo 19:9: *"Y yo os digo que cualquiera que se divorcie de su mujer, salvo por infidelidad, y se case con otra, comete adulterio"*. Sin embargo, otros ofrecen interpretaciones mucho menos estrictas.

Pasos que debe seguir: Pocos asuntos son tan complicados como el divorcio. Quizás tú vives en un hogar que ha sufrido el dolor de un matrimonio fracasado. Quizás, tú tienes amigos en esa situación. Cualquiera que sea el caso, haz lo siguiente:

• Estudia Mateo 5:32; 1 Corintios 7:10-15 y Efesios 5:22-23. Establece si el divorcio es siempre aceptable para un cristiano.

• Recuerda la confianza y el amor de Dios durante los momentos dolorosos para una familia (Salmo 30).

• Lee algún artículo sobre cómo manejar conflictos, qué buscar en un compañero y cómo construir relaciones estables.

• Pide a Dios su gracia especial, para que cuando te cases, en un mundo que ha olvidado lo que significa un compromiso, tú permanezcas casado para siempre.

No es que esto sea una garantía, pero es tu mejor apuesta para lograr una relación donde tú puedas vivir feliz para siempre.

UNA CONVERSACIÓN
SOBRE LA VIDA

¿Qué piensas hacer después de graduarte?

Ir a la universidad, a fiestas y obtener un título.

Y *¿después qué?*

No sé. Conseguir un trabajo donde pueda ganar mucho dinero.

Y *¿luego?*

Organizarme, casarme, comprar una casa, tener niños.

Y después *¿qué?*

Quieres decir que... ¿Qué voy a hacer cuando los hijos crezcan?

Sí... sí

Pues, me jubilaré...

¿Para hacer qué?

¡Caramba!, no sé tal vez conseguir dinero y jugar bingo. Viajar. Pero será después de mucho tiempo.

¿Y entonces?

¿Qué quieres decir?

Quiero decir, ¿qué harás cuando te vuelvas viejo

Bueno... supongo que yo... tú ya sabes lo que voy a hacer. Envejecerme y morirme como todo el mundo.

Y luego, ¿qué?

Sólo una persona verdaderamente rara se sienta a pensar acerca de la muerte todo el tiempo, pero sólo un tonto va por la vida sin pensar en ella. He aquí lo que la Biblia dice sobre la vida ahora y más tarde:

"Dios nos ha dado vida eterna y esta vida está en su Hijo. El que tiene al Hijo tiene la vida, y el que no tiene al Hijo de Dios, no tiene la vida" (1 Juan 5:11-12).

El mensaje es claro: Sin Cristo no hay vida. Ni aquí. Ni nunca. Si no has confiado en Él como tu Salvador, hazlo hoy mismo. Tú conseguirás la meta de la vida y la promesa de la vida eterna.

¿Quién dice no a esta oferta gratuita?

DROGAS

✳✳✳✳✳   ✳✳✳✳✳✳

Adiós al abuso de alucinógenos

Todo el mundo: médicos, políticos, psicólogos, padres, educadores, periodistas tienen idea de cómo manejar la crisis de la droga.

Algunos claman por una mejor educación; otros exigen un cumplimiento más estricto de la ley.

¿De qué base debemos partir? Estamos gastando más y más dinero en un problema que continúa empeorando cada vez más.

No crees tú que ya es tiempo de mirar lo que Dios dice:

"Señor muéstrame tus caminos, y enséñame tus sendas. Guíame en tu verdad y enséñame, porque tú eres el Dios de mi salvación; en ti espero todo el día".

(Salmo 25:4-5)

✳ ✳

Uso, abuso y perdición por causa de las drogas

Camina hacia el interior de algunos servicios sanitarios en la escuela secundaria H.B. Devlin, y tú quedarás prácticamente sofocado con el olor de marihuana.

Asómate por detrás del gimnasio después de clases y podrás percibir los efectos del basuco, cocaína o cualquier otra de las drogas conocidas últimamente.

Pásate por una de las fiestas de fin de semana, y podrás obtener el ácido o PCP, es decir, si llegas antes que se acabe el suministro.

EXAMINA: La Biblia no menciona la marihuana, el basuco, el ácido, el PCP o cualquier otra droga conocida.

Sin embargo, en ella hay algunas indicaciones que muestran que el abuso de las drogas no es nada nuevo.

La palabra griega que está traducida como "artes mágicas" en Apocalipsis 9:21 es *pharmakeia*, la misma palabra de donde proviene la palabra *farmacia* (ver también la palabra hechicería en Isaías 47:9;12. Estas artes mágicas y hechicerías a menudo incluyen el uso de alguna especie de drogas para poder hacer contacto con las fuerzas demoníacas.

Mas aún, la misma palabra griega se traduce como "hechicería" y se encuentra en la lista de actividades que Dios rechaza: "Ahora bien, las obras de la carne son evidentes, las cuales son: inmoralidad, impureza, sensualidad, idolatría, hechicería, enemistades, pleitos, celos, enojos, rivalidades, disensiones, sectarismos, envidias, borracheras, orgías, y cosas semejantes" (Gálatas 5:19-21a).

REFLEXIONA: Las estadísticas varían, pero aun las más alentadoras, como el reciente estudio de Parents Resource Institute for Drug Education (Instituto nacional de recursos para padres en la educación de las drogas PRIDE) trae malas noticias:

• Veinticuatro por ciento de los adolescentes se embriagan regularmente.

• Once por ciento de los adolescentes fuman marihuana.

• Dos por ciento de los estudiantes en secundaria usan cocaína por lo menos una vez el mes.

El abuso de sustancias alucinógenas es un problema serio.

¿Qué tan avanzado está este problema en tu comunidad?

PRACTICA: Mira nuevamente la lista de pecados que señala Gálatas 5:19-21a. ¿Cuántas de esas actividades están asociadas frecuentemente al abuso de las drogas? Si tú no sabes mucho acerca de la ilegalidad de las drogas y sus efectos, ve a la biblioteca pública o a la de tu escuela e infórmate bien.

GRABA: Mira la alternativa a una vida de abuso de sustancias alucinógenas —Gálatas 5:22-25.

✳ ✳ ✳ ✳ ✳✳ UNO **DROGAS** ✳ ✳ ✳ ✳ ✳

El "porqué" de querer sentirse elevado

EXAMINA: ¿Son éstas, buenas razones para consumir drogas? ¿Es así como podemos llegar a sentirnos bien, escapar o enfrentar las presiones? No, realmente.

Considera esto:

• La firme decisión de Moisés: "Escogiendo antes ser maltratado con el pueblo de Dios, que gozar de los placeres temporales del pecado" (Hebreos 11:25).

• La respuesta del rey David a los tiempos difíciles: "¿Por qué te abates, alma mía, y por qué te turbas dentro de mí? Espera en Dios; pues he de albarle otra vez por la salvación de su presencia" (Salmo 42:5).

• El camino de Jesús para manejar la angustia: (Marcos 1:32-35).

REFLEXIONA: La afirmación de José, acerca de que las drogas son una forma de diversión es interesante.

El significado literal de la palabra diversión o entretenimiento es "sin pensar". En otras palabras "bloqueo del cerebro".

Así como Dios no está en contra de que disfrutemos de la vida, Él sí está en contra de que embotemos nuestra mente (2 Corintios 10:5). Él también rechaza la práctica de la búsqueda del placer por el pecado.

PRACTICA: En lugar de usar sustancias alucinógenas, haz una lista de otras formas de diversión o intentos de afrontar las presiones de la vida.

Escribe, cómo reaccionarías ante la presión por:

1. La muerte de tu mejor amigo
2. El abandono de tu novio(a)
3. Una parálisis a causa de un accidente.
4. La exigencia de tus padres para que consigas una beca e inicies tu educación superior.
5. El descubrimiento de saber que tienes cáncer.

GRABA: Considera los factores que ayudaron a Moisés a escoger una vida de obediencia permanente antes que llevar una vida de placer efímero —Hebreos 11:26-27.

Ora por esta intención:

✳ ✳ ✳ ✳ DOS

Durante dos años de pesadilla en la Escuela Secundaria de Devlin, Cristina estuvo fuertemente involucrada con la cocaína.

Ella está ahora libre de droga. No fue fácil tres meses de aislamiento en un hospital de rehabilitación, con una buena dosis de asesoramiento, pero Cristina tuvo que afrontar cara a cara uno de los más grandes misterios de la vida.

"Con nada que hacer en el hospital, yo comencé a leer la Biblia que mi madre me envió. Y me impactó —como nunca antes— que las drogas son una gran mentira. Ellas no te pueden ofrecer felicidad o pueden aliviar tus penas. Solamente Jesús puede hacerlo".

La gran mentira de un químico alucinógeno

EXAMINA: ¿Captaste lo que respondió Cristina? Si no, oye la misma verdad salida de los labios de Jesucristo: "Si alguno quiere venir en pos de mí, niéguese a sí mismo, tome su cruz y sígame. Porque el que quiera salvar su vida, la perderá; pero el que pierda su vida por causa de mí y del evangelio, la salvará. Pues, ¿de qué le sirve a un hombre ganar el mundo entero y perder su alma? Pues, ¿qué dará un hombre a cambio de su alma?" (Marcos 8:34-37).

¡Qué verdad tan profunda! ¡Qué paradoja tan extraña! Nosotros nunca podremos encontrar la verdadera satisfacción o la felicidad por largo tiempo en las drogas o en cualquier otro objetivo egoísta. La verdadera plenitud se encuentra sólo en Cristo.

REFLEXIONA: La campaña de "DECIR NO A LAS DROGAS" es sólo una respuesta parcial al problema de la droga. La gente que dice NO a las drogas, si no conocen a Cristo aún mantienen los problemas emocionales.

Créeme, ellos no llegarán a drogarse, es verdad, pero continuarán buscando algo con qué llenar el vacío en sus vidas. ¿Una solución verdadera al problema de las drogas? Di simplemente ¡NO A LAS DROGAS! y simplemente "¡SÍ A CRISTO!"

PRACTICA: Toma unos pocos minutos para escudriñar el Evangelio de Juan. Lee cuidadosamente cada una de las referencias que Jesús hace con respecto a la vida. ¿Cómo compara Su definición con lo que el mundo dice acerca de lo que es la vida?

Concluye tu estudio haciendo una oración. Pídele a Dios que te ayude a comprender el hecho de que la verdadera satisfacción se encuentra sólo en Cristo.

GRABA: Medita las palabras de Cristo en Juan 12:23-25.

✳ ✳ ✳ ✳ ✳ TRES **DROGAS** ✳ ✳ ✳ ✳ ✳ ✳

El alto costo de una emoción barata

Si la piel, los huesos y el tejido muscular fueran transparentes, los drogadictos de la escuela de Devlin podrían cambiar sus caminos

Carlos sería capaz de ver el serio daño que él mismo ha infligido a su cerebro, desde que inició el uso recreativo del éxtasis.

Josefina se estremecería al ver su hígado y riñones enfermos. Demasiado pegante inhalado.

Roberto podría disfrutar de una doble emoción, al ver cuánto perjuicio le ha causado a sus pulmones el fumar marihuana; también podría llegar a ver su corazón, ¡dejando de latir!

EXAMINA : El más claro principio de la Escritura contra el uso de las drogas es este: "¿O no sabéis que vuestro cuerpo es templo del Espíritu Santo, que está en vosotros, el cual tenéis de Dios, y que no sois vuestros? Pues por precio habéis sido comprados; por tanto, glorificad a Dios en vuestro cuerpo y en vuestro espíritu, los cuales son de Dios" (1 Corintios 6:19-20).

¿Captaste el mensaje? Dios es nuestro amo. Somos sus inquilinos. Debemos honrarlo cuidando lo que es de Su propiedad. Desde que las drogas han dañado la propiedad, la solución es esta: debemos evitar el abuso de toda clase de sustancias alucinógenas.

REFLEXIONA: El escritor Chris Lutes lo establece muy bien: "Dios llama nuestra piel, con todos sus tejidos, templo del Espíritu Santo. Imagina la Casa Blanca en Washington... El palacio de Buckingham, en Londres... Pero, para el cristiano es mejor que todas esas cosas. Porque Dios vive en cada uno de ellos. Es un lugar sagrado... así que no estropees los muebles.

PRACTICA: Si las drogas son un problema en tu escuela, manifiesta su peligro, así:
• Escribiendo un artículo para el periódico del colegio;
• Solicitando a los profesores que inviten a médicos o consejeros para discutir el problema;
• Iniciando una organización antidrogas. (Ver más adelante.)

GRABA: Lee 2 Corintios 6:16-18.

Para ayudar a comenzar la organización antidrogas en tu colegio, ponte en contacto con:

• REACH (Responsible Adolescents Can Help), 14325 Oakwood Pl., N.E., Alburquerque, NM 87123; teléfono (505) 294-2929.

• PRIDE (Parent Resource Institute for Drug Education), 50 Hurt Plaza, Suite 210, Atlanta, GA 30303; teléfono (404) 651-2548.

Ora por esta intención:

✳ ✳ ✳ ✳   **CUATRO**

¡Jesús ama a los drogadictos!

Mientras pasa por un lugar de estacionamiento para dirigirse al grupo juvenil, Ricardo, de 16 años, mira con disgusto un grupo de drogadictos parados en una camioneta: "¡Qué montón de perdidos!", piensa Ricardo.

Una de las chicas, 17 años, Juanita, está atrapada en el basuco. Su adicción es tal que ella no hace nada, pide limosnas en la calle, roba y aun se prostituye para conseguir dinero y seguir comprando la droga.

Para ser sinceros, Juanita ha caído más bajo de lo que cualquier persona puede llegar a caer.

EXAMINA: Desde un punto de vista muy humano, nos parece que estos pecados son especialmente malos y, que Dios, si Él los perdona a todos, lo hace a pesar suyo? NO. La buena noticia de Jesús es que cualquiera puede ser perdonado.

En efecto, Jesús es el mejor amigo que un pecador jamás ha tenido "y sucedió que estando Él a la mesa en la casa, he aquí, muchos recaudadores de impuestos y pecadores llegaron y se sentaron a la mesa con Jesús y sus discípulos. Y cuando vieron esto, los fariseos dijeron a sus discípulos: ¿Por qué come nuestro Maestro con los recaudadores de impuestos y pecadores? Al oír Él esto, dijo: Los que están sanos no tienen necesidad de médico, sino los que están enfermos" (Mateo 9:10-12).

REFLEXIONA: ¿Cómo puedes saber si alguien a quien tú amas está usando drogas? Reconoce esto síntomas:
- Descenso en el desempeño en la escuela o en el trabajo
- Cambios de conducta inexplicables
- Pérdida del interés por su apariencia física
- Actividades sociales secretas
- Desinterés por actividades extracurriculares o aficiones.

PRACTICA: Si crees que podrías tener un problema de drogas, recuerda, en primer lugar, que tú tienes en Jesús un amigo que perdona todo. Segundo, habla con el líder de tu grupo juvenil o con el consejero estudiantil para conseguir ayuda.

Si tus amigos están iniciándose en la droga, ora para pedir sabiduría. Entonces, de manera amable comunícale tu preocupación, tu amor y deseo de ayudarlo.

Si alguien a quien conoces es adicto a las drogas, comparte esta situación con un líder cristiano maduro. Algunas veces, hablar por un amigo es la mejor expresión de amor que uno puede hacer ¡Esto es lo que marca la diferencia entre la vida y la muerte!

GRABA: El sábado, considera el mensaje de Lucas 19:1-10. El domingo reflexiona sobre 1 Timoteo 1:15.

✳ ✳ ✳ ✳ ✳ CINCO **DROGAS** ✳ ✳ ✳ ✳ ✳ ✳

? ? ? ? ? ? ? ? DUDA ? ? ? ? ? ? ? ? ? ? ?

Cuando tu fe experimenta una sacudida

Es asombroso cuán rápidamente las cosas pueden cambiar. Ayer, tú estabas fuerte como una roca sólida en tus creencias, y sintiéndote bien acerca de tu fe. Hoy como si estuvieras espiritualmente en una emboscada. ¡De pronto, tú te preguntas sobre aquello en lo que siempre habías creído!

Si tus dudas actuales provienen de una experiencia personal problemática, de una discusión perturbadora o también de una inquietud interior, la verdad es que tú necesitas algunas respuestas.

Bien, ¿sabes qué? ¡La Palabra de Dios tiene la respuesta que tú estás buscando!

"No seas incrédulo sino creyente".
Juan 20:27

? ?

El dilema de la duda

Una noche, cuando Carina, José y Esteban, (hermano mayor de José, estudiante del segundo año de Universidad), estaban contemplando las estrellas, Carina se inspiró y dijo en voz alta: "No es maravilloso pensar que Dios habló y de los cielos brotó la existencia?"

"¿Qué?" Esteban casi se ahoga. "¿No me digas que todavía hoy, tú crees en la creación según cuenta el Génesis?"

"¡Claro que sí! ¿Y por qué no habría de creer?"

Esteban pasó los 30 minutos siguientes atacando y ridiculizándola por creer en la Biblia; a la hora de dormir, Carina estaba perturbada.

EXAMINA: Dos pasajes bíblicos muestran dos clases de duda:

1. Los judíos: "Pero aunque había hecho tantas señales delante de ellos, no creían en Él" (Juan 12:37).

2. El padre que le pide a Jesús que haga algo para ayudar a su hijo poseído por el demonio. Cuando Jesús le contesta: "Todas las cosa son posibles para el que cree", nota la respuesta: "Al instante el padre del muchacho gritó y dijo: Creo; ayúdame en mi incredulidad" (Marcos 9:23-24).

En primera instancia, estamos ante un incrédulo, obstinado en no creer en Jesús. Es un incrédulo que no acepta ni siquiera las evidencias abrumadoras. En el segundo caso, vemos una fe vacilante, con muchas dudas. Pero, claramente se ve que el hombre desea creer más profundamente.

REFLEXIONA: La gran diferencia entre una falta de fe total y una fe momentánea es esta: La primera nos endurece para reconocer la obra de Dios. La segunda nos dispone para buscar a Dios más profundamente.

¿Estás dudando de tu fe, en este momento, verdad? De ser así, eres un cínico como en el caso de los judíos en Juan 12 o escéptico como el hombre de Marcos 9?

PRACTICA: Busca un amigo y juntos escriban una lista de las cosas que tú hayas cuestionado acerca de tu fe. Lleva la lista a tu líder de estudios bíblicos y mira si él puede conducirte en la dirección correcta. Entonces dile a Dios:

"Querido Dios, aumenta mi fe durante esta semana mientras yo estudio tu Palabra. Utiliza mis dudas para acercarme cada vez más a ti. Entonces, muéstrame la forma para superar estas dudas, de tal modo que yo pueda ser más efectivo en tu servicio".

GRABA: Lee los resultados de una falta de fe, en Juan 3:18.

??????? UNO DUDA ???????????????

Aun los más sabios algunas veces se preguntan

Andrés nunca se ha sentido bien en relación con Joel, el líder juvenil. Andrés expresa sin dificultad sus confidencias y a menudo da la impresión de "Yo no tengo dudas acerca de ninguna cosa. No hay ninguna inquietud en mi vida que mi fe no puede resolver".

Anoche, sin embargo, cuando Andrés y Joel salieron a comerse una hamburguesa, Andrés admitió: "La enfermedad de mi padre está provocando que comience a cuestionarme la bondad de Dios".

Esa simple admisión hizo que Joel se sintiera más cercano a Andrés y mucho mejor respecto a sí mismo. Ahora él sabe que aun los cristianos más fuertes luchan con sus dudas.

EXAMINA: Cuando Juan el Bautista reconoció a Jesús como el Hijo de Dios, él se volvió a la muchedumbre y anunció: "¡He aquí el Cordero de Dios, que quita el pecado del mundo! (Juan 1:29 RV).

Desde ese momento, el ministerio de Juan (ver Juan 1:30-36; Mateo 3) se convirtió en un constante esfuerzo por mostrar a otros a Cristo.

Sin embargo, nota lo que pasó cuando Juan fue arrestado y metido al calabozo de Herodes.

"Y al oír Juan en la cárcel de la obras de Cristo, mandó por medio de sus discípulos a decirle: "¿Eres tú el que ha de venir, o esperaremos a otro?" (Mateo 11:2-3).

REFLEXIONA: ¿Jesús se levanta contra Juan por haber dudado, verdad? No. En efecto, Jesús tiene, por el contrario, palabras de cortesía, para expresarse acerca de Juan (ver Mateo 11:11-12).

PRACTICA: La historia alrededor de la duda de Juan es no sólo un recuerdo sino un buen ejemplo para nosotros.

1. ¿El recuerdo? Aun los grandes hombres y mujeres de Dios tienen dudas. (No somos inmaduros espiritualmente porque tengamos dudas. Ten por seguro que todo el mundo tarde o temprano tiene dudas. No eres tú solamente.)

2. ¿El ejemplo? Cuando Juan comenzó a cuestionar sus creencias, él se volvió a Cristo y no se apartó de Él (¡Presenta tus dudas al Señor, pídele una verdadera respuesta... y rodéate de cristianos amigos!)

GRABA: Lee acerca de la obediencia de Abraham plagada de dudas —Génesis 17:17-27

Ora por esta intención: _____

? ? ? ? ? DOS

41

Probablemente conozcas a alguien como Diana. Ella es una estudiante de segundo año de secundaria, de 15 años, ama al Señor y quiere, por encima de todo, agradarlo. Aunque ella confiaba en Cristo, cuando tenía nueve años, y aunque lo ha visto hacer muchísimas cosas en su vida y a través de ella, de repente duda de su salvación.

"¿Qué pasaría si solamente me estuviera engañando?", se mantiene preguntándole a su mamá, ¿Qué sucedería si no creyera lo suficiente? Todas estas preguntas están volviendo loca a la señora Martínez.

Cómo se comporta Dios con los que dudan

EXAMINA: ¿Se impacienta Dios con aquellos que están luchando contra sus dudas? ¡Claro que no!

"Tomás, uno de los doce, llamado el Dídimo, no estaba con ellos cuando Jesús vino. Entonces los otros discípulos, le decían: ¡Hemos visto al Señor! "Pero él les dijo: Si no veo en sus manos la señal de los clavos, y meto el dedo en el lugar de los clavos, y pongo la mano en su costado, no creeré.

"Ocho días después, sus discípulos estaban otra vez dentro, y Tomás con ellos. Y estando las puertas cerradas, Jesús vino y se puso en medio de ellos y dijo: Paz a vosotros ¡Luego dijo a Tomás: Acerca aquí tu dedo y mira mis manos; extiende aquí tu mano y métela en mi costado; y no seas incrédulo, sino creyente. Respondió Tomás: ¡Señor mío y Dios mío!" (Juan 20:24-28).

REFLEXIONA: ¿Cómo respondió Jesús a Tomás? ¿Le echó leña al fuego? ¿Se impacientó con Tomás? No, fue muy gentil. Nada en la historia indica que Tomás estaba actuando con dureza de corazón o de una manera cínica. Jesus se dio cuenta de que era honesto en sus dudas y que realmente quería creer. ¡Y por supuesto que lo logró!

PRACTICA: La duda de Tomás fue resuelta examinando las heridas de Jesús. Aquellos que dudan de su salvación pueden encontrar paz examinando las palabras de Jesús.

Examina los siguientes versículos y considera su significado:

- Juan 1:12
- Juan 3:16
- Juan 5:24
- Juan 10:27-29
- Juan 11:25-26

¿El punto central de todo esto? Jesucristo ha prometido vida eterna a aquellos que confían, solamente en Él para su salvación. ¿Mentiría Jesús?

GRABA: Lee la promesa de Jesús en Juan, 14:6-7.

? ? ? ? ? ? TRES **DUDA** ? ? ? ? ? ? ? ? ? ? ? ? ?

La duda como un camino para alcanzar una fe más profunda

Si tú piensas que tienes muchas pruebas en tu vida, considera la situación de Estefanía:

- Ella descubrió que tiene escoliosis (una curvatura anormal de la columna vertebral) y tendrá que usar un yeso especial durante un año.

- Sus padres han hecho su transferencia a una escuela diferente, una que es académicamente más exigente, como si ella quisiera estudiar más de lo que ya hace.

- El perro de la familia tuvieron que ponerlo a dormir para siempre.

¿Y la respuesta de Estefanía? ¿Dónde está Dios en todo esto? ¿Por qué no hace algo?

EXAMINA: Cuando las pruebas nos golpean y nos causan dudas, Santiago nos da este consejo:

"Pero si alguno de vosotros se ve falto de sabiduría, que la pida a Dios, el cual da a todos abundantemente y sin reproche, y le será dada. Pero que pida con fe, sin dudar; porque el que duda es semejante a la ola del mar, impulsada por el viento y echada de una parte a otra. No espere, pues, ese hombre, que recibirá cosa alguna del Señor, siendo hombre de doble ánimo, inestable en todos sus caminos" (Santiago 1:5-8).

REFLEXIONA: Como tú puedes ver, la duda generalmente produce incertidumbre e inseguridad. Sin embargo, la duda puede ser también una fuerza positiva en nuestras vidas. He aquí de qué manera: La duda hace surgir preguntas. Las preguntas sinceras nos llevan a la búsqueda. La búsqueda honesta nos conduce a Dios. Él nos proporciona las respuestas. Y las respuestas, cuando las aceptamos, producen en nosotros una fe más estable.

Mientras tú no te estés revolcando en tus dudas y no confundas duda con desafío, puedes realmente hacer de las dudas algo positivo en tu vida.

PRACTICA: ¿Enfrentas pruebas? ¿Con angustia dudas de la presencia de Dios y su plan salvífico?

1. Pide la sabiduría (Santiago 1:5).

2. Crees que los caminos de Dios son los mejores (Santiago 1:6)... (Podrías sentir que eso no es verdad, pero por fe reconocerás que es verdad.)

3. Ten esperanza en que Dios reemplazará tus dudas por la sabiduría de una fe más profunda (Santiago 1:17).

Ora de esta manera: "Padre, necesito sabiduría. Yo no entiendo qué pasa pero tú sí. Por fe, no por mis sentimientos, yo confío en ti, desde este momento. Creo que tus caminos son los mejores. Amén".

GRABA: Lee la declaración de fe de Job, en medio de las circunstancias de la prueba —Job 23:10.

Ora por esta intención:

CUATRO

? ? ? ? ? ?

43

Velando por los que están confundidos

Estefanía, (la joven de la historia de ayer) acude a su hermana mayor para que la aconseje.

"No sé qué hacer, Sara", le dice a su hermana a través de la puerta.

"Me siento tan confundida... Es decir, aquí en mi cabeza yo sé que Dios existe y también todo lo demás, pero sí realmente soy honesta últimamente no sé si yo lo creo en mi corazón".

Hubo silencio durante 30 segundos.

Cuando Sara salió del baño, ella tenía una expresión de sorpresa ¿o disgusto? en su cara. "¿Cómo puedes decir eso? ¿Qué eres? ¿Una atea estúpida o qué?"

EXAMINA: La Escritura nos ofrece varias claves para tratar con los que dudan:

• Mostrar misericordia: "Ten misericordia de algunos que dudan" (Judas 22).

• Demostrar aceptación: "Aceptad al que es débil en la fe, pero no para juzgar sus opiniones" (Romanos 14:1).

• Ofrecer tu ayuda en espíritu de paciencia: "Y os exhortamos hermanos ... sostengáis a los débiles y seáis pacientes con todos" (1 Tesalonicenses 5:14).

REFLEXIONA: ¿Qué sucedería si tú compartieras tus dudas profundas con tus padres? ¿Con tu líder juvenil? ¿Con tu mejor amigo? ¿Tienes a alguien con quien tú puedas compartir tus dudas? ¿Cómo te sentirías si fueras Estefanía?

¿Cuál hubiera sido una forma más bíblica para la respuesta de Sara?

PRACTICA.: Cuando miembros de una familia cristiana o amigos cuestionan su fe, no les hagas la vida más difícil:

1. Escucha: Esto es lo más piadoso que puedes hacer. Al permitirles expresar sus pensamientos y sentimientos, estás ayudándolos a ordenar sus dudas.

2. Evita la tentación de juzgar. (Recuerda que los sentimientos no son buenos ni malos; sencillamente están ahí.)

3. Ayuda. (Ora todos los días con tus amigos en problemas y por ellos.) Oriéntalos para buscar consejo. Comparte con ellos versículos de la Biblia, libros o casetes que te ayuden ¡pero sólo después de escucharlos!

GRABA: El sábado, reflexiona sobre la experiencia de Pedro, en medio de sus dudas, Mateo 14:22,23. El domingo, considera la verdad de que involucrarte en actividades sobre las cuales tienes dudas es equivocado —Romanos 14:22-23.

??????? **CINCO DUDA** ?????????????

SATANÁS

Tú lo puedes llamar Mefistófeles, Beelzebú, Lucifer o Demonio.

Pero no importa como se llame, Satanás vive y bien. El culto a Satanás, la hechicería, las prácticas ocultas se han incrementado en los Estados Unidos. Aun más, existen "iglesias" satánicas a lo largo de este país dedicadas al culto de Satanás.

¿Quién es Satanás? La primera cosa que viene a la mente cuando alguien menciona el diablo es un ser rojizo, con cuernos largos, cola puntiaguda y un tridente grande.

Para otros que actualmente no creen en su existencia, "Satanás" es simplemente una forma de referirse a la idea o presencia del mal en el mundo. Ahora bien, la Biblia revela que Satanás es una criatura real, personal y poderosa que permanece activa en nuestro mundo (Lucas 4:1-13).

¿De dónde vinoSatanás? El diablo fue en otros tiempos el ángel más bello en el cielo. Conocido como Lucifer, fue el segundo en el trono de Dios (Ezequiel 28:12-15). Pero por su deseo de ser como Dios, se rebeló contra Dios y fue expulsado del paraíso con una tercera parte de todos los ángeles (Apocalipsis 12:4), así pues, Satanás y todos sus demonios seguidores son realmente ángeles caídos.

¿Qué hace Satanás? La Biblia llama a Satanás "en los cuales el dios de este mundo ha cegado el entendimiento de los incrédulos, para que no vean el resplandor del evangelio de la gloria de Cristo" (2 Corintios 4:4).

Satanás es enemigo poderoso de los creyentes (Efesios 6:11-18). Debemos tomarlo muy en serio, sin olvidar que está llevando a cabo una verdadera guerra espiritual cerca de nosotros. No obstante, como cristianos no debemos temer a Satanás. Él fue derrotado por Cristo en la cruz (Colosenses 2:15). Y aunque ahora anda suelto, al final, el diablo será derrotado y su destrucción cierta (Mateo 25:41; Apocalipsis 20:10).

¿Tu respuesta? Satanás es real y poderoso. Desafortunadamente, la mayoría de los creyentes por lo general se van a uno de dos extremos: Unos hacen caso omiso de su papel en el mundo, mientras que otros lo culpan de todas las fechorías y dolores de cabeza. Como cristiano necesitas reconocer a Satanás como tu enemigo. Debes mantenerte firme contra él y no tener pánico, *"porque mayor es el que está en vosotros que el que está en el mundo"* (1 Juan 4:4).

¿OMNI-QUÉ?

En este momento tú sabes dónde estás y qué estás haciendo. Pero sabes dónde está el cómico Bill Cosby y qué estará pasando por su cabeza. Dios sí. ¿Sabes tú exactamente qué estarás haciendo el martes a las 2:13 p.m.? Dios lo sabe. ¿Recuerdas ese objeto que se te perdió hace pocas semanas y que todavía no has podido encontrar? Dios lo ve. Los teólogos tienen una buena palabra para esta habilidad sobrecogedora de la mente de Dios. Ellos la llaman omnisciencia (omnish-untz). *Omni* significa todo, y *Scientia* significa conocimiento. Júntalas y comprobarás el hecho de que Dios tiene conciencia total, completa penetración, entendimiento infinito y comprensión universal. En palabras sencillas, Dios lo sabe todo. Considera estos versículos de la Biblia: "Oh Señor, tú me has escudriñado y conocido. Tú conoces mi sentarme y mi levantarme; desde lejos comprendes mis pensamientos. Tú escudriñas mi senda y mi descanso, y conoces bien todos mis caminos. Aun antes de que haya palabra en mi boca, he aquí, oh Señor, tú ya la sabes toda" (Salmo 139:1-4).

"¡Oh, no! ¿quieres decir que Dios sabe TODO lo que hago, digo y pienso siempre?" Sí. "¡Entonces Él debe odiarme!" No. Es precisamente todo lo contrario.

Dios te ama intensamente.

Y cuando tú juntas ese amor y discernimiento con su pleno conocimiento (no sólo de hechos actuales sino de todas las opciones posibles) se puede concluir que solamente Él puede mostrarte las mejores opciones para tu vida. Así lo explica Jesús: "¿No se venden dos pajarillos por un cuarto? Sin embargo, ni uno de ellos caerá a tierra sin permitirlo vuestro Padre. Y hasta los cabellos de vuestra cabeza están todos contados. Así que no temáis; vosotros valéis más que muchos pajarillos".

(Mateo 10:29-31).

Todo esto va más allá de que Dios es algo más que una combinación de lector de la mente (telépata), vigilante de pájaros o contador de cabellos. Porque tiene todo conocimiento, Él nunca está desprevenido. Nada lo toma de sorpresa.

¿Por qué no habrías de confiar en un Dios que sabe todo de ti y te ama de todas maneras?

▾▾▾ DEPRESIÓN ▾▾▾

Estas "melancolías" que me agobian

Cuenta toda la gente de este país que está en el grupo de los que tienen entre 15 y 50 años. Divide este número por la mitad. El resultado corresponde según proyecciones de expertos, al número de gente que sufre depresión en algún momento de su vida.

¡Cincuenta por ciento! Esto explica por qué algunos profesionales de la salud, perplejos ante el hecho, están usando el término "epidémico". Eso también puede explicar por qué vamos a dedicar una semana para ver lo que Dios dice sobre este punto.

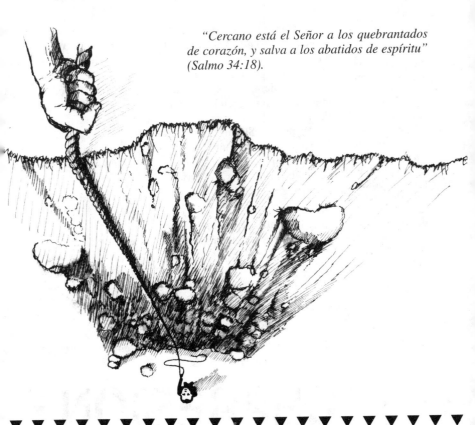

"Cercano está el Señor a los quebrantados de corazón, y salva a los abatidos de espíritu" (Salmo 34:18).

¡La depresión es tan... deprimente!

Hace frío, es un día húmedo y trsite, la cafetería está como una morgue.

La gente no habla mucho, ni sonríen. Un compañero de estudio se suicidó en el fin de semana.

Rebeca y Tina están en la mesa cuchicheando en voz baja.

"Me siento tan deprimida".

"¿Te refieres al caso de Regina?"

"Sí, es verdad. Pero me he venido sintiendo desganada desde hace meses, mucho antes de este fin de semana. He tratado, he hecho lo posible pero no puedo salir de este estado, Tina. Y eso me hace sentir cada vez peor: Los cristianos no nos deberíamos sentir así".

EXAMINA: ¡La idea de que un cristiano comprometido no puede sentirse deprimido es totalmente equivocada! La Biblia está llena de ejemplos de hombres de Dios, deprimidos:

- Moisés (Números 11:10-15)
- Job (Job 6)
- Rey David: "¿Hasta cuándo, oh Señor? ¿Me olvidarás para siempre? ¿Hasta cuándo esconderás de mí tu rostro? ¿Hasta cuándo he de tomar consejo en mi alma, teniendo pesar en mi corazón todo el día? (Salmo 13:1-2).
- El profeta Jeremías: "¿Por qué salí del vientre para ver pena y aflicción, y que acaben en vergüenza mis días? (Jeremías 20:18).

REFLEXIONA: Otros famosos personajes han sufrido depresión: el pintor Van Gogh, el presidente Abraham Lincoln, el estadista británico, Winston Churchill. Incluso Charles Spurgeon, uno de los más grandes predicadores de todos los tiempos, cayó en la melancolía. En efecto, a menudo estuvo recluido en cama por semanas durante un tiempo.

¿El punto? Si sufres de melancolía o incluso de una forma de depresión mucho más seria, no estás solo. Otros se han sentido como tú te sientes... y han encontrado nuevamente el camino a la alegría.

PRACTICA: Tú te encuentras en una de estas dos categorías.

1. Te sientes deprimido.
2. Conoces a alguien que se siente deprimido.

De cualquier manera, he aquí qué hacer:

Declárale la guerra a la melancolía durante esta semana. Decídete a aprender todo lo que puedas acerca del paralizante desorden emocional llamado depresión. Y recuerda: No hay recetas instantáneas, pero ¡en Cristo hay esperanza cierta y sanación!

GRABA: ¿Puedes hacer referencia a los sentimientos expresados en Salmo 77:1-9?

▼ ▼ ▼ ▼ ▼ UNO **DEPRESIÓN** ▼ ▼

Un mes más tarde, Rebeca se encuentra más deprimida que nunca. Ha aumentado 10 libras y duerme casi 12 horas diarias.

Tina está preocupada por su amiga. Por eso, ella la llama y la invita a hacer cosas con el grupo, pero la respuesta es siempre la misma: "Gracias, pero no estoy de humor. Quiero estar sola hoy".

Cuando no duerme, Rebeca permanece en cama, escuchando música sombría.

"Me pregunto que le pasó para que llegar a ese estado de holgazanería", le pregunta Tina a Margarita..

¿Por qué estoy tan hundido en la melancolía?

EXAMINA: Según la palabra de Dios, la gente puede llegar a deprimirse cuando:

• Tiene espíritu de ingratitud (Números 14:1-4).

• Se deja dominar por la ira: "Airaos pero no pequéis; no se ponga el sol sobre vuestro enojo" (Efesios 4:26).

• Rehúsa enfrentar el pecado: "Mientras callé mi pecado, mi cuerpo se consumió con mi gemir durante todo el día. Porque día y noche tu mano pesaba sobre mí; mi vitalidad se desvanecía con el calor del verano" (Salmo 32:3-4).

• Sufre una pérdida personal (Job:1-3).

• Trata de vivir para Dios pero confiando sólo en sus propias fuerzas (Romanos 7).

REFLEXIONA : Un creciente número de consejeros y médicos cristianos consideran que la depresión, algunas veces, puede ser causada por desbalances químicos o deficiencias genéticas. Mientras que otros líderes mencionan la angustia causada por el rompimiento de la unidad familiar o por traumas sufridos en la niñez como la causa primaria.

Quizás la melancolía puede ser el resultado de la combinación de estos factores.

A propósito, ¿Ves alguno de estos factores actuando en tu vida?

PRACTICA: Primero, haz un estudio rápido acerca de la depresión, en una enciclopedia. Luego, pídele a tu pastor, a tu líder juvenil o a tu instructor de los sábados su punto de vista sobre el tema. Segundo, ora: "Señor, sólo tú conoces las raíces de la depresión. Protégeme de sus devastadores efectos. Ayúdame a aprender de los intentos que hago sin hundirme en la desesperación. Amén".

GRABA: ¿Cómo puede llegar Cristo a eliminar la depresión en una persona que no es cristiana? Ver Efesios 2:1-10.

Ora por esta intención:

DOS

▼ ▼ ▼ ▼

En la depresión se esconde una bendición

Durante mucho tiempo, la depresión de Rebeca no mejoraba.

En efecto, empezó a perder la esperanza de que las cosas un día pudieran cambiar y la vida le sonriera un poco.

Ella no podía detener sus descensos en la espiral. En tres ocasiones pensó seriamente en suicidarse.

Anoche, sin embargo, mientras cambiaba la T.V. de un canal a otro, Rebeca se emocionó y llamó. "Quizás esto es lo que yo necesito".

EXAMINA: Pablo consideraba las debilidades emocionales como una bendición.

"Y Él me ha dicho: Te basta mi gracia, pues mi poder se perfecciona en la debilidad. Por tanto, muy gustosamente me gloriaré más bien en mis debilidades, para que el poder de Cristo more en mí. Por eso me complazco en las debilidades, en insultos, en privaciones, en persecuciones y en angustias por amor a Cristo, porque cuando soy débil, entonces soy fuerte" (2 Corintios 12:9-10).

Aunque Pablo no menciona directamente la palabra depresión, su punto es claro: los tiempos duros son buenos si ellos te llevan a Dios y te confías a su fuerza.

REFLEXIONA: ¿Sabes que está bien llorar? En efecto, ¡puede ser bueno para ti! Algunos investigadores creen que llorar ayuda a corregir el desbalance químico encontrado en muchos de los individuos deprimidos. Un buen llanto reduce el estrés, que de otra forma se convertiría en una úlcera.

¿Cuándo fue la última vez que lloraste?

¿Cuándo fue la última vez que diste gracias a Dios por una situación deprimente?

PRACTICA: Si para ti la vida en este momento es deprimente, ¡Comienza por buscar en ella una bendición!

1. Utiliza tu experiencia para examinar tu propia vida.

2. Deja que tu problema o angustia te acerque a Dios.

3. Ten en cuenta las lecciones que recibes y utilízalas para establecer amistades con otros que también están sufriendo. (Escribe tus sentimientos en un diario, para que cuando tu depresión se haya ido, seas capaz de recordar exactamente qué tan decaído te sentiste.)

4. Saca fuerzas de la promesa, en Isaías 43:2.

GRABA: ¿Quieres leer un pasaje maravilloso? Mira 2 Corintios 1:8-11.

▼ ▼ ▼ ▼ ▼ TRES **DEPRESIÓN** ▼ ▼

Marcia está emocionalmente abatida.

No está motivada, ni entusiasmada, ni con ganas de suicidarse... sencillamente descorazonada y pesimista.

La razón exacta para su decaimiento no es clara. ¿Es porque ha aumentado 5 libras? ¿Comenzó cuando no recibió ninguna demostración de amor el día de San Valentín? Ella no está segura.

Hoy después de la jornada escolar y por sugerencia de un amigo, Marcia salió de paseo, y compró un "jean" desteñido.

Ella pensaba: "Posiblemente ellos me ayudarán a sentir mejor" ¿Adivina qué? El pantalón no hizo el milagro de cambiarla.

¡Los "pantalones vaqueros" desteñidos no acaban con tu aburrimiento!

EXAMINA: La Biblia presenta la mejor receta para combatir el aburrimiento. Considera el caso del profeta Elías. Después de un tiempo de gran regocijo espiritual, éste se cambió repentinamente en desesperación y dijo: "Basta ya, Señor, toma mi vida" ... Y acostándose bajo el enebro, se durmió" (1 Reyes 19:4-5). Es aquí, cuando Dios empieza a trabajar. Primero lo lleva a descansar y lo refresca (vv. 9-18). Él entonces reconfirmó a Elías para servir y le recordó que había otros siervos que permanecían fieles a Dios" (v.v. 9-18).

REFLEXIONA: ¿Estás pasando por un período de desesperanza? ¿Falta de motivación? ¿Dificultad para comunicarte? ¿Deseos de dormir excesivamente o problemas para conciliar el sueño? ¿Baja autoestima? ¿Problemas de comportamiento? ¿Falta de concentración? De ser así, debes estar padeciendo un caso leve de aburrimiento. Si tienes estos síntomas en grado extremo, consulta un profesional con experiencia: el médico de la familia, a tu orientador y consejero o el pastor. ¡Una verdadera mejoría comienza con una simple llamada telefónica!

PRACTICA: ¿Quieres salir a flote?

1. Pide ayuda. Pídele a Dios que haga en tu vida lo que hizo en la de Elías.

2. Habla con un amigo. Los otros no pueden saber cómo piensas y no siempre conocen tus sentimientos.

3. Ayuda a alguien más. Dirigiendo tu mirada hacia los demás harás milagros dentro de ti.

4. Manténte activo. Te asombrarás de cómo el ejercicio físico diario puede mejorar tu malhumor.

5. Sé agradecido. Es difícil sentirse decaído cuando estás reconociendo tus bendiciones.

GRABA: Ora para que logres alcanzar una actitud más alegre —lee el Salmo 103.

Ora por esta intención:

CUATRO

▼ ▼ ▼ ▼

Después de luchar contra la depresión durante casi tres meses, Rebeca (ver día uno y tres) finalmente empieza a recobrar el sentido de la alegría de vivir. Ella empieza a dar un salto en su camino. La luminosa sonrisa de su cuarto le ha regresado también.

¿Cómo se recobró?

Bien, tal como lo afirmamos el primer día, no hay soluciones rápidas ni respuestas fáciles.

La sanación proviene de variedad de factores. Pero seguramente que una de las mayores razones fue el amor paciente de Tina por su aburrida amiga.

Animando a los deprimidos

EXAMINA: Insistentemente la Biblia exige que los cristianos sientan especial simpatía por los que están heridos:

• "Gozaos con los que se gozan y llorad con los que lloran" (Romanos 12:15).

• "Llevad los unos las cargas de los otros, y cumplid así la ley de Cristo" (Gálatas 6:2).

• "Revestíos de tierna compasión, bondad, humildad, mansedumbre y paciencia" (Colosenses 3:12).

Tina puso estos versículos en práctica. Necesitamos hacer lo mismo con las Rebecas de nuestras propias vidas.

REFLEXIONA: Los individuos deprimidos necesitan tu apoyo, amor, paciencia y valentía. No te necesitan para que los inculpes, los sermonees o discutas con ellos sobre su condición.

¿Hay alguien cerca de tu vida que se encuentre sumido en la tristeza? ¿Qué puedes hacer para ayudar a otros individuos a salir de esa situación?

PRACTICA: Escoge una de las siguientes actividades y llega con amor a alguien que se encuentre deprimido.

1. Envíale una postal
2. Llámalo por teléfono y exprésale tu amor e interés.
3. Visita a esa persona y escúchala.
4. Dale un abrazo.
5. Comparte con ella un chiste favorito.
6. Ora por tu amigo.
7. Salgan a caminar juntos.
8. Lleva a tu amigo al grupo juvenil y a la iglesia.

GRABA: Lee Hechos 20:35. El sábado considera la compasión del Señor por aquellos que están deprimidos (Salmos 103:13). El domingo, medita sobre la depresión del profeta Jeremías, en Jeremías 20:7-18. Busca claves especiales de cómo él superó su situación de melancolía.

▼ ▼ ▼ ▼ ▼ CINCO **DEPRESIÓN** ▼▼ ▼

✳ ✳ REPUTACIÓN ✳ ✳ ✳
¿Cómo te ven los demás?

"Os ruego que viváis de una manera digna de la vocación con que habéis sido llamados" (Efesios 4:1).

Es interesante observar las diferentes reputaciones que la gente se gana. Por ejemplo: El corredor Ben Johnson es considerado un tramposo. El predicador Billy Graham es visto como un hombre de Dios. El actor Michael Fox es visto como cómico y simpático. Tycoon Donald Trump a menudo es visto como un engreído.

Pero no sólo los famosos y los ricos son los únicos que tienen una reputación.

¿Alguna vez te has detenido a pensar cómo te ven tus amigos y tus vecinos?

✳ ✳ ✳ ✳ ✳ ✳

Vale más que plata y oro

Sara va caminando por un pasillo de la escuela.

A medida que se dirige al grupo de estudiantes, la gente que mira por donde va, automáticamente examinan su reputación, y lo hacen sin pensar.

He aquí algunos de los pensamientos que les vienen a la cabeza cuando ven a Sara:

"Dulce, simpática pero demasiado seria en las cosas de Dios; cristiana, lista".

Por el otro lado viene David. La gente le echa un vistazo e inmediatamente piensa para sus adentros: "Latoso, presumido, revoltoso, buen mozo, arrogante, impredecible, buscapleitos".

EXAMINA: ¿Alguna vez has observado un programa de vida silvestre en la T.V. y has visto peces succionadores (propiamente llamados rémoras) que atacan a los tiburones y ballenas? ¿Tu reputación es como la de una rémora? Va contigo adondequiera que vayas. No nos asombre que la Biblia nos advierta que procuremos una buena reputación y que cuidemos nuestro buen nombre.

• "Más vale el buen nombre que las muchas riquezas, y el favor, que la plata y el oro" (Proverbios 22:1).

• "Mejor es el buen nombre que el buen ungüento" (Eclesiastés 7:1).

REFLEXIONA: Cuándo la gente escucha tu nombre, ¿qué palabras o imágenes crees tú le vienen a la mente? Si llegas a morir hoy, ¿cómo rezaría tu epitafio? ¿Te sientes contento con esa reputación?

PRACTICA: Juzga tu propia reputación usando la siguiente escala: (1 representa "¡Qué broma!"; cinco representa "Una descripción precisa".)

	1	2	3	4	5
• Trabajador incansable					
• Honesto					
• Dependiente					
• Hombre de Dios					
• Alegre					
• Compasivo					
• Generoso					
• Prudente					
• Fiel					

Basado en lo que ves en el cuadro, ¿en cuál(es) área(s) podrías mejorar tu reputación?

GRABA: Observa cómo "un buen nombre" fue el principal criterio empleado para escoger los primeros diáconos, en Hechos 6:1-7.

* * * * * * UNO **REPUTACIÓN**

Conservar tu buena reputación

Qué hace Sara (ver día uno), si es que hace algo para mantener su buena reputación?

Bien, ella asiste semanalmente a un grupo de estudios bíblicos para jóvenes en su iglesia.

Además, es muy cuidadosa y dedica tiempo a la lectura de la Biblia y ora cada mañana.

Y lo más importante, ella no sólo lee la Biblia sino que lo pone en práctica.

Como su padre le ha dicho tantas veces: "Sara, tú siempre te mantendrás en el camino recto, si estás siempre con el Señor, y todo lo demás vendrá por añadidura".

EXAMINA: Moisés enseñó este mismo principio a los israelitas mientras se preparaba para ir a la Tierra Prometida.

"Mirad, yo os he enseñado estatutos y juicios tal como el Señor mi Dios me ordenó, para que hagáis así en medio de la tierra en que vais a entrar para poseerla. Así que guardadlos y ponedlos por obra, porque esta será vuestra sabiduría y vuestra inteligencia ante los ojos de los pueblos que al escuchar todos estos estatutos, dirán: "Ciertamente esta gran nación es un pueblo sabio e inteligente" (Deuteronomio 4:5-6).

¿La lección simplemente establecida? La obediencia al Señor generalmente da como resultado una buena reputación.

REFLEXIONA: La motivación de Sara para leer la Biblia y acudir a un grupo juvenil no es hacer creer a los demás que ella es espiritual y pura. Ella hace estas cosas simplemente porque quiere agradar a Dios. Su meta número uno es obrar rectamente según Dios. Su buena reputación es precisamente de hacer todas estas cosas buenas.

¿Todo lo que hace es para guardar una buena reputación o para obrar rectamente según Dios? ¿Es posible tener una buena reputación y no obrar rectamente según Dios? ¿Es posible tener una mala reputación y actuar rectamente según Dios?

PRACTICA: Siéntate hoy con un buen amigo cristiano y discutan la reputación de ambos. Cada uno puede elegir algo (o sentirse libre de hacer algo) que lo lleve a una relación más estrecha con Dios. Siéntanse responsables el uno del otro por el resto del mes. Entonces, vean si su reputación ha mejorado como resultado de este nuevo caminar. (Apuesto a que será mejor.)

GRABA: Lee acerca de la importancia de una buena reputación entre los no creyentes —Colosenses 4:5.

Ora por esta intención:

✳ ✳ ✳ ✳   **DOS**

55

Francisco haría mucho bien por la causa de Cristo, en estos tiempos, no diciéndole a la gente que es cristiano.

Miremos, él anda enredado con un grupo de estudiantes que no tienen exactamente un comportamiento angelical.

Como resultado de ello, Francisco ha adquirido algunos hábitos nuevos —tomar, fumar, mirar videos pornográficos, robar en almacenes— todo esto mientras continúa asistiendo a su iglesia y a su grupo juvenil.

¿Cómo reflejas tú la imagen de Dios?

EXAMINA: A lo largo de la Biblia, diferentes personajes fueron castigados por profanar el nombre de Dios.

• "Cuando llegaron a las naciones adonde fueron, profanaron mi santo nombre, porque de ellos se decía: Estos son el pueblo del Señor, y han salido de su tierra. Pero yo he tenido compasión de mi santo nombre, que la casa de Israel había profanado entre la naciones adonde fueron" (Ezequiel 36:20-21).

• "Porque el nombre de Dios es blasfemado entre los gentiles por causa de vosotros, tal como está escrito" (Romanos 2:24).

• "Profesan conocer a Jesús, pero con sus hechos lo niegan; siendo abominables y desobedientes e inútiles para cualquier obra buena" (Tito 1:16).

REFLEXIONA: Es lamentable tener una muy mala reputación. Pero es todavía más lamentable obrar de manera corrupta y, al mismo tiempo, proclamar que uno es cristiano. ¿Cómo te sientes cuando ves a alguien que confiesa creer en Cristo, hacer cosas ultrajantes y aun pecaminosas? ¿Cómo crees que se siente Dios cuando las personas enlodan su nombre en el fango? ¿Existe actualmente algo en tu vida que profana el nombre de Dios?

PRACTICA: Mira la palabra hipócrita en tu diccionario. ¿Describe esta palabra tu actitud actual? De ser así, pide perdón por manchar su nombre y pídele a Él que te dé la fuerza para ser un mejor embajador (2 Corintios 5:20).

Recuerda: Dios no busca gente perfecta, pero sí espera que nosotros vivamos de acuerdo con sus preceptos. ¿Por qué? Porque la vida que nosotros llevamos afecta a otros. Nuestra conducta puede hacer que la gente sienta hambre de conocer a Dios ... ¡o dejarles un sabor desagradable en la boca!

GRABA: Observa cómo Moisés se preocupaba de la reputación de Dios —Números 14:13-16.

* * * * * **TRES REPUTACIÓN**

Durante la escuela intermedia, Betty tuvo relaciones sexuales con cuatro muchachos diferentes. No es de sorprenderse, que rápidamente se ganara la reputación de ser una joven "fácil".

Sus compañeros empezaron a llamarla "Beddy". (Nota del traductor: Juego de palabras entre su nombre Betty y la palabra cama, en inglés "bed".)

Cuando llegó a la secundaria, Betty le entregó su vida a Jesucristo. Sin lugar a dudas, se puede decir que ella es ahora una persona nueva. Sin embargo, su fama de "fácil" no desaparece.

Aunque Betty no ha seguido sexualmente activa (y no quiere volver a estarlo) los rumores y chismes persisten.

"¿Cómo puedo demostrarle a la gente que he cambiado?", se lamenta ella.

✳ ✳ ✳ ✳ ✳ **CUATRO**

Cómo reparar una reputación perdida

EXAMINA: Después de una historia de "amenazas y muertes contra los discípulos del Señor" (Hechos 9:1), Saulo no tenía lo que pudiera llamarse una buena reputación entre los cristianos. Aún después de su conversión en el camino a Damasco, tuvo dificultad en convencer a los miembros de las primeras comunidades que verdaderamente había cambiado. En efecto, "cuando llegó a Jerusalén, trataba de juntarse con los discípulos; todos le temían, no creyendo que era discípulo" (Hechos 9:26).

Sin embargo, debido a que Bernabé, un cristiano de mayor edad y madurez intercedió por él (v.27), Saulo continuó demostrando cambios en su estilo de vida (v.v.28-30), fue capaz de recobrar su reputación perdida. Con el tiempo, Saulo, el que odiaba a los cristianos, llegó a ser conocido como Pablo, el apóstol de Jesucristo.

REFLEXIONA: Advertencia: Una reputación de persona religiosa no te conducirá al cielo. El apóstol Pablo tenía muchas credenciales religiosas, pero fue sólo cuando se entregó a Cristo que él encontró la vida eterna (Filipenses 3:4-11).

PRACTICA: ¿Estás tratando de reparar tu reputación? Recuerda la lección de la vida de Pablo.

• Confía en Cristo —cambiar tu imagen externa es perder el tiempo a menos que cambies tu vida interior (2 Corintios 5:17).

• Encuentra un "Bernabé" que crea en ti y te haga su discípulo.

• Sé constante. Toma meses (tal vez años) borrar una mala reputación.

• No desfallezcas (Gálatas 6:9).

GRABA: Considera cómo María Magdalena fue capaz de cambiar su reputación. Lee Lucas 8:2; Marcos 15:40-41; Juan 19:25; Mateo 27:61; 28:1 y Juan 20:11-18.

Ora por esta intención:

57

Hace una semana, una amiga le confió a Anita: "Creo que estoy embarazada. ¿Te gustaría acompañarme a hacerme una prueba?"

Deseosa de mostrarle compasión, Anita aceptó. Al día siguiente las dos chicas se dirigieron a un centro de atención para embarazadas.

Mientras ellas estaban esperando, Anita corrió al carro para coger su bolso. Cuando Anita regresaba, algunos compañeros que pasaban en carro la vieron. Ahora en la escuela está el rumor de que Anita está embarazada.

La pobre Anita no puede decir toda la verdad, no puede delatar a su amiga. "¡Mi reputación está arruinada! ¿Qué puedo hacer?"

Juntando los pedazos

EXAMINA: Considera una situación similar, tomada del Nuevo Testamento:

"Y el nacimiento de Jesucristo fue como sigue. Estando su madre María desposada con José, antes de que se consumara el matrimonio se halló que había concebido por obra del Espíritu Santo. Y José su marido, siendo un hombre justo y no queriendo difamarla, quiso abandonarla en secreto" (Mateo 1:18-19). No estaban casados todavía... ¡Pero María estaba encinta!

Imaginan los rumores, las miradas, los juicios temerarios.

Pero María no se lamentaba ni se quejaba. Sabiéndose inocente de toda culpa, de buena voluntad aceptaba su situación como parte del plan de Dios.

REFLEXIONA: Ten cuidado de no valorar tu reputación más de lo que valoras a Dios y su voluntad.

¿En algunas situaciones, te preocupas más por quedar bien delante de los demás o tu mayor preocupación está en hacer lo que agrada a Dios?

PRACTICA: ¿Debes preocuparte por tu reputación? ¡Sí! ¿Es la reputación lo más importante en el mundo? ¡No!

Escribe esto en una tarjeta y llévala hoy contigo:

"Estaré más preocupado por mi carácter que por mi reputación. Mi carácter es lo que yo realmente soy. Mi reputación es precisamente lo que los demás creen que soy".

GRABA: Lee Lucas 1:26-38. El sábado considera la reputación de la gente que se menciona en Juan 3:3-6 y 12. El domingo, reflexiona en la reputación bien ganada de Noé (Génesis 6:9).

✱ ✱ ✱ ✱ ✱ ✱ CINCO **REPUTACIÓN**

DIOS

Curando el cansancio mental

El concepto más importante con el cual los hombres deben luchar es Dios: ¿Quién es Él? ¿Cómo es? ¿Cómo podemos conocerlo?

Y sin embargo, en el momento en que nosotros, criaturas finitas intentamos entender al creador infinito, nos encontramos al borde del vacío mental.

Porque realmente, lo que estamos tratando de hacer es comprender lo incomprensible.

Afortunadamente, Dios no nos deja luchar en la ignorancia. Él nos ha revelado mucho de su naturaleza en las páginas de la Biblia.

¿Te gustaría saber qué dice Él de sí mismo?

Gracia y paz os sean multiplicadas en el conocimiento de Dios y de Jesús nuestro Señor".
(2 Pedro 1-2)

Yavé —Dios eterno y personal

Un día, Glenda está leyendo tranquilamente cuando de repente ella le dice a su madre:

"¡Mamá, mira esto! Encontré un error de imprenta en la Biblia. Este versículo escribe la palabra SEÑOR toda con letras mayúsculas. Pero aquí debajo está escrita con minúsculas".

EXAMINA: No es un error, Glenda. La Biblia usa diferentes estilos para representar los diferentes nombres de Dios.

Moisés dijo a Dios: "He aquí si voy a los hijos de Israel y les digo: "El Dios de vuestros padres me ha enviado a vosotros", tal vez me digan: "¿Cuál es su nombre?", ¿qué les responderé?' Y dijo Dios a Moisés: YO SOY EL QUE SOY. Y añadió: Así dirás a los hijos de Israel: YO SOY me ha enviado a vosotros. Dijo además Dios a Moisés: Así dirás a los hijos de Israel: "El SEÑOR, el Dios de vuestros padres, el Dios de Abraham, el Dios de Isaac y el Dios de Jacob, me ha enviado a vosotros." Este es mi nombre para siempre, con él se hará memoria de mí de generación en generación" (Éxodo 3:13-14).

Llamándose a sí mismo YO SOY (la palabra hebrea es *Yavé*) o el SEÑOR, Dios se describe a sí mismo como el eterno e inmutable Dios. *Yavé* es el nombre usado más a menudo en el Antiguo Testamento para describir la relación personal de Dios con su pueblo.

REFLEXIONA: Ten en cuenta estos puntos importantes:

1. Los nombres de Dios no son rótulos caprichosos que ha creado la humanidad, sino que son los nombres con los cuales Dios se ha revelado, para que lo podamos conocer mejor.

2. El nombre *Yavé* aparece en la mayoría de las Biblias como "SEÑOR". El nombre *Adonai* se traduce también como "Señor, pero escrito con letras minúsculas.

PRACTICA: Toma esta oración como guía: "Querido Dios, el nombre de *Yavé* me dice que tú eres un Dios personal y eterno. Permíteme conocerte más plenamente a medida que estudio los primeros nombres con los cuales tú te has revelado en la Escritura. Amén".

GRABA: Reflexiona en Éxodo 34:5-7.

✝ ✝ ✝ ✝ ✝ UNO **DIOS** ✝ ✝ ✝ ✝ ✝ ✝ ✝ ✝ ✝ ✝

Sofía Y Alejandro salen del cine... ¡Y la película apenas va por la mitad!

"Alejandro, por qué hacen eso! ¿por qué no pueden hacer una película sin que se tenga que tomar el nombre de Dios en vano cada dos segundos? Puedo manejar algunas cosas pero eso realmente no va conmigo"

"Sí lo sé. ¡Generalmente, ellos no saben lo que están diciendo! Dios es precisamente una simple palabra de cinco letras para ellos".

Sofía sonríe, "Dios sólo tiene cuatro letras".

"Muy bien, sabihonda".

"Elohim": Una clave para el misterio de la Trinidad

EXAMINA: El primer nombre en la Biblia usado para Dios es el título hebreo *Elohim*: "En el principio, Dios (Elohim) creó los cielos y la tierra (Génesis 1:1).

Unos versículos más adelante, el relato de la creación añade: "Y dijo Dios (Elohim): Hagamos al hombre a nuestra imagen, conforme a nuestra semejanza.... Creó, pues, Dios (Elohim) al hombre a imagen suya" (Génesis 1:26-27).

Basados en estos (y más de 2.500 usos más), el nombre de Elohim indica el poder y la actividad creadora de Dios. El nombre puede provenir de una palabra hebrea que significa "el fuerte" o de una raíz similar que significa "el temible".

Luego, ¿cuál es el asunto? Simplemente este: Tal Creador imponente merece nuestro respeto y no nuestro desprecio.

REFLEXIONA: El término *Elohim* es plural. Algunos eruditos creen que la forma plural tiene la intención de expresar de una forma gramatical la verdad de que la grandeza y majestad de Dios lo colocan en una clase única. Otros argumentan que la forma plural implica que Dios es una Trinidad.

Pregunta: ¿Cuál punto de vista es correcto? Respuesta: Ambos puntos de vista son creíbles. *Elohim* es usado en aquellos pasajes que suponen la esencia unitaria de Dios. Es usado también en pasajes que insinúan la verdad de la Trinidad de Dios.

PRACTICA: Sal en tu bicicleta y da despacio una vuelta alrededor de la cuadra. Observa con tus ojos, tus oídos, tu nariz y tu sentido del tacto. ¿Qué tiene más sentido para ti —que el mundo a tu alrededor se creó por evolución accidental o que fue especialmente creado por nuestro poderoso Elohim? ¿Usas el nombre de Dios de manera profana? Decide, con su poder, detenerte hoy.

GRABA: Lee Deuteronomio 6:4.

Ora por esta intención:

✝ ✝ ✝ ✝ **DOS**

Adonai —nuestro Señor y Maestro

Hola, Lorenzo! ¿Qué piensas sobre lo que has estado leyendo aquí los dos últimos días? "¿Tú te refieres a este tema acerca de Yavé y Elohim?" Sí.

"Bien, pero yo no estoy seguro si realmente eso se aplica a mí. Mira, yo ya tengo una relación personal con Dios. Yo creo que Él creó el mundo. Y a mí no me gusta tomar su nombre en vano".

Eso es bueno. Pero la pregunta, hoy, es esta: "¿Quién es tu Adonai?"

"¿Mi qué?"

"Tu Adonai, tu Kirios?"

"No tengo ni idea de qué me estás hablando".

EXAMINA: *Adonai* es la palabra hebrea para Señor. *Kirios* es Señor en el griego de los tiempos del Nuevo Testamento; ese título es usado para Dios cientos de veces en la Biblia:

• "Moisés dijo al SEÑOR: Por favor, Señor, nunca he sido hombre elocuente" (Éxodo 4:10).

• "Te daré gracias, Señor mi Dios, con todo mi corazón, y glorificaré tu nombre para siempre (Salmo 86:12).

• "En aquel tiempo, hablando Jesús, dijo: Te alabo, Padre, Señor del cielo y de la tierra, porque ocultaste estas cosas a sabios e inteligentes, y las revelaste a los niños" (Mateo 11:25).

REFLEXIONA: El título Señor implica control o posesión. Es con frecuencia aplicado a los hombres por parte de sus servidores (Números 12:11; 2 Samuel 10:3; 1 Reyes 1:43). Usado para referirse a Dios, su significado es mucho más profundo. Como nuestro soberano Señor, Dios espera de nosotros obediencia. Como nuestro maestro perfecto Él también provee nuestras necesidades.

PRACTICA: Examina las siguientes esferas de tu vida. Escribe una lista de quién o qué es el Señor de tus pensamientos, palabras y conductas en esa área. En otras palabras, escribe quién o qué determina cómo actúas en cada situación.

1. Escuela
2. Citas amorosas
3. Trabajo
4. Relaciones en el hogar
5. Tiempo con los amigos
6. Deportes
7. Actividades religiosas

Discute tus descubrimientos con un amigo cristiano y oren juntos para que te entregues cada día más al Señor.

GRABA: Mira las palabras: SEÑOR, Dios y Señor, todas usadas en el mismo versículo ¡Deuteronomio 10:17!

✝ ✝ ✝ ✝ ✝ TRES **DIOS** ✝ ✝ ✝ ✝ ✝ ✝ ✝ ✝ ✝ ✝

Otros nombres divinos

Juan está extremadamente nervioso por tener que servir de lanzador en un importante partido de béisbol mañana por la tarde.

Olga siente que debe ir al retiro juvenil, el próximo fin de semana, pero ella no cuenta con los $35 que vale la cuota. La fecha límite para la inscripción es esta noche.

Tomás tiene miedo de ir a visitar a su papá esta noche. "Él siempre se burla de mi fe. Nunca sé qué decirle".

EXAMINA: Estos jóvenes ansiosos y heridos podrían encontrar verdadera fuerza estudiando algunos de los otros nombres con los cuales Dios se nos ha revelado en la Biblia.

1. Variaciones de Elohim
   • *El Shaddai* ("Dios Todopoderoso") "Cuando Abram tenía noventa y nueve años, el SEÑOR se le apareció, y le dijo: "Yo soy *El Shadday* (Génesis 17:1). Otras instancias de este nombre (Génesis 28:3-4; Salmo 91:1-2) indican que él implica no sólo poder, sino también provisión y protección.
   • *El Elión* ("Dios altísimo" Génesis 14:19)
   • *El Olam* ("Dios eterno" Génesis 21:33)

2. Variaciones de *Yavé (o Jehová)*:
   • *Yahveh-Jired* ("El Señor provee")"Así que Abraham llamó este lugar "El Señor provee" (Génesis 22:14).
   • *Yahveh-Rafah* ("El Señor que sana") (Éxodo 15:26)
   • *Yahveh-Nissi* ("El Señor es mi bandera", es decir, el que libra mis batallas) Éxodo 17:15)
   • *Yahveh-Shalom* ("El Señor de Paz" Jueces 6:23-24)

REFLEXIONA: ¿Cuál aspecto de Dios revelado tiene más significado para ti? ¿Sobre cuál aspecto del carácter de Dios necesita escuchar tu mejor amigo?

PRACTICA: ¿Qué es lo que más necesitas en este momento? ¿Paz? ¿Fortaleza? ¿Sanación? ¿Ayuda? Llama a Dios por su propio nombre y confía en Él para encontrar lo que necesitas.

Escoge uno de los versículos arriba citados, cópialos y permanece con él durante el día de hoy.

GRABA: Lee sobre otro de los nombres de Dios (*El Roi* —Dios que ve nuestras dificultades y penas) Génesis 16:13.

CUATRO

✝ ✝ ✝ ✝

┌─ **Ora por esta intención:** ─────────────┐
│   │
│   │
│   │
│   │
└───┘

David es como mucha gente: Él tiende a pensar que Dios es precisamente una versión celestial de lo que es un papá terrenal.

En consecuencia, David imagina que Dios es un excelente proveedor, que es distante, severo, exigente e impaciente y no alguien que pueda estar realmente cerca de ti.

De otra parte, Silvia también basa su concepto de Dios en su padre; de tal manera que ella vive con el temor constante de que algo horrible va a pasarle.

¡Dios infinito, infinita lista de nombres!

EXAMINA: Como vimos ayer, un estudio acerca de los nombres de Dios puede hacer maravillas con nuestras malas actitudes y malos sentimientos de temor. Y si crees que hemos descubierto todos los nombres bíblicos de Dios, piensa otra vez. Él es también llamado:

• Rey (Salmo 47:7)

• Roca (esto significa que Dios es fuerte e inmutable. Ver Deuteronomio 32:3-4).

• Fortaleza: "Inclina a mí tu oído, rescátame pronto; sé para mí roca fuerte, fortaleza para salvarme" (Salmo 31:2).

• Esposo (se refiere a su amor confiado por su pueblo. Ver Isaías 54:5 y Jeremías 3:14).

• Pastor (Salmo 23:1).

• Padre: "Pues si vosotros, siendo malos, sabéis dar buenas dádivas a vuestros hijos, ¿cuánto más vuestro Padre que está en los cielos dará cosas buenas a los que le piden? (Mateo 7:11).

REFLEXIONA: Piensa en el mejor padre de la tierra que conozcas. ¡Nuestro Padre del cielo es infinitamente mejor que ese! Él nos ama y quiere solamente lo mejor para nosotros.

¿Cómo te parece si la tendencia actual tratara de eliminar todas las referencias masculinas de Dios en la Escritura? Si la Biblia está inspirada por Dios, ¿es correcto hacer esto?

PRACTICA: Para el resto del mes, lleva un diario de Dios. Escribe cada referencia de Dios a la que llegues e introdúcela en tu lectura de la Biblia. Anota tus ideas y sentimientos. Graba las oraciones del Señor y tus respuestas a esa oración. Agrega cualquier otra cita bíblica o corazonada que se te ocurra. ("Advertencia: ¡Tú puedes encontrar que llevar tu diario es tan gratificante que no puedes detenerte al final del mes!)

GRABA: Piensa en el Salmo 18:2. El sábado reflexiona en Proverbios 18:10. El domingo, considera el curioso nombre de Dios que se encuentra en Éxodo 34:14.

✝ ✝ ✝ ✝ ✝ **DIOS** ✝ ✝ ✝ ✝ ✝ ✝ ✝ ✝ ✝

SIETE RAZONES

PARA LEER Y ESTUDIAR TU BIBLIA

Propiciación, n
1. Acto de propiciar
2. *Teol.* Lo que se propicia

¡Oh,...
Está soñando!

Siete razones (no necesariamente lógicas) para leer y estudiar tu Biblia:

1. Estarás en capacidad de responder todas las preguntas bíblicas en programas de T.V.

2. Estudios serios de la Biblia pueden quemar más de 100 calorías por hora.

3. Un hombre en California una vez encontró un billete de $100 en las páginas del Antiguo Testamento.

4. Serás capaz de sorprender a tus amigos con nuevas palabras como "propiciación" y justificación".

5. Cuando tus padres te digan: "No olvides sacar la basura esta noche" suena como una excusa santa decir: "Bien, pero justo en este momento estoy estudiando la Biblia". Tal vez por esa excusa podrían aumentar tu mesada.

6. Serás capaz de puntualizar las inexactitudes de todas las películas de Jesús que pasan por T.V. en Pascua.

7. Estudiar la Biblia es más barato que comprar un carro nuevo y mucho más seguro que manejarlo.

Siete razones (realmente buenas) para leer y estudiar tu Biblia.

1. La Biblia es como una carta para ti de parte del Dios del universo. En ésta Dios revela la verdad de sí mismo, y cómo podemos *conocerlo* y no simplemente saber acerca de Él.

2. La Biblia te dice qué debes hacer para alcanzar la vida eterna (1 Juan 5:11-13).

3. Verás cómo Dios ha estado presente en la historia

4. Descubrirás la voluntad de Dios para tu estilo de vida, cómo quiere que tú vivas y por qué su camino es el mejor.

5. Verás qué tan especial eres para Dios... y cuánto te ama.

6. En una cultura sin convicciones, encontrarás la Biblia como algo absoluto e imponente —una fuente de fortaleza y un ancla confiable para mantenerte firme en las tormentas de la vida.

7. Tú encontrarás consuelo cuando el mundo se te venga abajo.

INSÓLITAS
HISTORIAS BÍBLICAS

Cuarenta y dos chicos fueron destrozados por un par de osos después que estuvieron insultando al profeta Eliseo por ser calvo (2 Reyes 2:23-25).

• Mientras algunos profetas estaban derribando árboles, a uno de ellos se le cayó la cabeza del hacha y fue a caer al río Jordán. El profeta Eliseo cortó un trozo de madera delgado, lo introdujo en el río y la cabeza del hacha flotó en la superficie (2 Reyes 6:1-7).

• Eglón, rey de Moab, era tan gordo, que cuando Ehúd, libertador de Israel hundió su espada en el vientre del rey, incluso el mango de la espada desapareció dentro de él (Jueces 3:20-22).

• Absalón, hijo del rey David, iba sobre su mulo pasando por debajo de una encina y su cabeza se enredó entre unas ramas. El mulo siguió andando y dejó a Absalón colgado pero vivo. Cuando Joab oyó del incidente, fue y utilizó a Absalón, su más terrible enemigo, para clavarle tres dardos en el corazón (2 Samuel 18:9-15).

• Durante una larga sequía, Dios envió una bandada de cuervos a llevar pan y carne al profeta Elías todos los días por la mañana y por la noche (1 Reyes 17:1-6).

• Mientras escuchaba la predicación del apóstol, ya tarde en la noche, un joven llamado Eutico, se quedó dormido. Desafortunadamente estaba sentado en el borde de una ventana de un tercer piso. Como puedes imaginar la caída fue mortal. Pablo interrumpió su predicación, bajó rápidamente las escaleras, resucitó al joven, volvió al tercer piso y continuó su sermón (Hechos 20:7-12).

• Algunos israelitas estaban enterrando a un hombre, cuando divisaron una banda de ladrones. Ellos arrojaron el cuerpo del hombre en el sepulcro del profeta Eliseo (posiblemente huyeron o lucharon contra ellos).

"Cuando el cuerpo del hombre tocó los huesos de Eliseo, el hombre cobró vida y se puso en pie".
2 Reyes 13:20-21

▸▸▸▸▸▸ CULPA ▸▸▸▸▸▸▸

Libre de pecado

Lo has sentido? La sensación de náuseas en la boca del estómago, el obsesionante abatimiento que lo persigue a uno preguntándole: ¿Por qué hiciste eso? ¿Por qué?

Claro que lo has sentido. La culpa es un hecho universal de la vida. Es algo de lo cual tratamos de escapar pero con lo cual lucharemos hasta el final.

Las cinco páginas siuientes están dedicadas a cada uno de los jóvenes que alguna vez se han preguntado, ¿cómo manejar el sentimiento de culpa en mi vida?

"Porque mis iniquidades han sobrepasado mi cabeza; como pesada carga, pesan mucho para mí".
Salmo 38:4-5

La culpa comenzó en el paraíso

Julia despierta el sábado por la mañana, sintiéndose especialmente culpable. Ella y su novio fueron más allá de lo debido la noche anterior. No llegaron hasta el final, pero fueron mucho más lejos de lo que la misma Julia se había propuesto. En la noche, ella llama a una amiga y le explica la situación. ¿Qué consejo recibió?

"¡Olvídalo, Julia! ¡Tú eres santa por no haber llegado hasta el fin! Si alguien, tiene la culpa es esa iglesia tuya superestricta que te hace sentir tan mal!"

EXAMINA: Aunque el mundo en general declara que el pecado es un vestigio obsoleto de nuestro "pasado religioso", la Biblia insiste en que si la gente se siente culpable es porque ¡realmente es culpable!

• "Todos se han desviado, a una se han corrompido; no hay quien haga el bien, no hay ni siquiera uno" (Salmo 53:3).

• "Todos nosotros somos como el inmundo, y como trapo de inmundicia todas nuestras obras justas; todos nos marchitamos como una hoja, y nuestra iniquidades, como el viento nos arrastran" (Isaías 64:6).

• "Si decimos que no tenemos pecado, nos engañamos a nosotros mismos y la verdad no está en nosotros" (1 Juan 1:8).

REFLEXIONA: Supón que un criminal sin entrañas dispara a una anciana a sangre fría... y después se ríe. ¿Es culpable el hombre? ¡Claro que sí! ¿Se siente culpable? No. En su camino de perversidad, se siente bien —más aun, contento— por lo que hizo.

La culpa es más que un sentimiento. En efecto, se define mejor como la condición de violar las leyes morales o civiles. La culpa puede ir acompañada de sentimientos de remordimiento o de pena, pero esto no se da siempre. Una persona puede ser culpable sin sentirse culpable.

PRACTICA: Discute estos enunciados con un amigo cristiano cercano:

1. ¿Qué es lo que te hace sentir más culpable de todo?

2. ¿Qué consejo le darías a un amigo que se siente culpable como Julia?

3. La forma de superar la culpa es _____ .

4. En este momento me siento culpable de _____ .

5. Si pudiera borrar de mi pasado un recuerdo culpable, este sería el momento de _____ .

GRABA: Lee dónde empezó la culpa, en Génesis 3:1-10 (especialmente v.10).

▶ ▶ ▶ ▶ ▶ UNO **CULPA** ▶ ▶ ▶ ▶ ▶ ▶

Es martes y Julia todavía se siente mal debido a lo que ocurrió el sábado por la noche (ver la historia de la página anterior).

Lo que más le molesta es la escena que ella tiene en su cabeza; lo más triste es: "¿Por qué permití que eso pasara? Lo sabía muy bien. Soy una idiota!"

Sintiéndose incapaz de orar, Julia trata de escapar de su culpa haciendo sus tareas escolares. Cuando eso no funciona, coge una novela que había estado leyendo. No se puede concentrar totalmente.

Finalmente, en su desesperación, enciende la T.V.

Las señales de una persona culpable

EXAMINA: ¿Cómo reacciona la gente ante la culpa?

• ¡Algunos ni siquiera saben que son culpables! "Teniendo el entendimiento entenebrecido, ajenos de la vida de Dios por la ignorancia que en ellos hay, por la dureza de su corazón" (Efesios 4:18 RV).

• Algunos se sienten mal (Mateo 26:74-75).

• Algunos tratan de escapar (Jonás 1:1-6).

• Algunos se deprimen (Salmo 40:12).

• Algunos se enferman físicamente: "Mientras callé mi pecado, mi cuerpo se consumió con mi gemir durante todo el día. Porque día y noche tu mano pesaba sobre mí; mi vitalidad se desvanecía con el calor del verano" (Salmo 32:3-4).

• Unos pocos se arrepienten (Salmo 51:1-12).

REFLEXIONA: De acuerdo con una encuesta de profesionales de la salud mental, el mayor problema de casi la mitad de la gente en las instituciones en este país es la culpa.

Se ha dicho que muchos de estos pacientes podrían recobrar su salud si supieran con exactitud que fueron perdonados.

¿Crees que Julia será capaz de manejar su culpa usando los medios que ha escogido? ¿Es la culpa parte normal de nuestra vida hoy? ¿Cómo estás respondiendo tú?

PRACTICA: Trata de escribir una lista de algunos métodos adicionales que la gente usa para tratar de evadir el sentimiento de culpa.

Ora así: "Señor, sondea mi corazón y muéstrame cuándo soy culpable de malas acciones, pensamientos o palabras. Más que todo, Señor, quiero ser recto contigo. Te lo pido en el nombre de Jesús, Amén".

GRABA: ¡La culpa extrema —si no se maneja bien— puede conducir al suicidio! Ver Mateo 27:3-5.

Ora por esta intención:

DOS

¿Es en algún momento es buena la culpa?

Habiéndolo intentado, Julia no puede dejar de pensar en el encuentro apasionado con su novio la noche del sábado.

El pecado es como un peso gigantesco.

Julia sentía una profunda tristeza en el corazón y un malestar en el estómago. Incapaz de concentrarse en nada, se encuentra intranquila y extremadamente cansada.

En su desesperación finalmente tomó la Biblia y la abrió en el Salmo 51.

Tan pronto como empezó la lectura, Julia comenzó a llorar.

EXAMINA: La culpa puede terminar en verdad siendo algo bueno. A menudo, sólo cuando nos sentimos resquebrajados y sin apoyo es cuando sentimos necesidad del perdón de Dios y de renovación.

¿Recuerdas la historia del hijo pródigo —el que dejó la casa, malgastó su herencia en una vida disoluta, y se gastó todo lo que tenía? ¿Recuerdas lo que pasó después? "Entonces, volviendo en sí, dijo: "¡Cuántos de los trabajadores de mi padre tienen pan de sobra, pero yo aquí perezco de hambre! Me levantaré e iré a mi padre y le diré: 'Padre, he pecado contra le cielo y ante ti'.... Y, levantándose, partió hacia su Padre" (Lucas 15:17-20).

Permite que tu culpa te ayude a regresar a Dios.

REFLEXIONA: Hay una hierba mala que crece como loca y es prácticamente imposible exterminarla. La gente la corta, la quema, le echa veneno, pero acabarla para bien (de todos) exige medidas extremas.

La culpa se parece a esta hierba. Tú puedes, por esfuerzo propio, deshacerte de ella, pero necesitarías mucho tiempo y mucho esfuerzo. Y en este proceso, ¡También le harás daño a tu propia conciencia! (1 Timoteo 4:2).

PRACTICA: No trates de eliminar los sentimientos de culpa sin mirar de frente la causa de estos sentimientos. Es como tratar los síntomas sin conocer la verdadera enfermedad.

En lugar de ello, deja que tu culpa te conduzca hacia Dios y pídele que te muestre la razón por la cual te sientes culpable. Como Él es bueno, Él lo hará. Entonces, deja que su bondad te lleve al arrepentimiento (Romanos 2:4).

¿Por qué revolcarse en una porqueriza de culpa pudiendo disfrutar el perdón y la bendición de Dios? (Lucas 15:15-16; Lucas 15:20-24).

GRABA: Lee cómo el rey David respondió a su culpa (Salmo 32:5).

▶ ▶ ▶ ▶ ▶ **TRES CULPA** ▶ ▶ ▶ ▶ ▶ ▶

La mejor forma de librarse de la culpa

A causa de su pecado el pasado sábado por la noche, noten lo que Julia está haciendo.

Ella está hablando con Dios acerca de su culpa y pidiéndole perdón.

Nota todo lo que Julia no está haciendo para terminar con su culpa, no está tratando de pagar por sus propios pecados; no está tratando de ganarse el perdón; no está buscando justificarse por lo que hizo, ni tampoco está echándole la culpa a nadie.

No obstante, Julia no siente el perdón; pero cree firmemente que lo está, basada en la promesa de la Palabra de Dios.

EXAMINA: Si estás a punto de sucumbir a causa de la culpa, vale la pena darles otra mirada a las acciones de Julia.

1. Admite tu pecado (Oseas 5:15). Debes enfrentar con energía tu pecado y hacerte responsable de tus actos y acciones.

2. Cree que Dios está esperándote para perdonarte. "Si confesamos nuestros pecados, Él es fiel y justo para perdonarnos los pecados y para limpiarnos de toda maldad" (1 Juan 1:9).

3. Renueva tu compromiso de obedecer a Dios. "Ahora pues, confesad al SEÑOR, Dios de vuestros padres, y haced su voluntad; separaos de los pueblos de esta tierra y de las mujeres extranjeras" (Esdras 10:11).

REFLEXIONA: Repitamos el punto importante que reflexionábamos ayer: Tú no puedes quitarte tu propia culpa. Lady Macbeth (una de las heroínas de Shakespeare) no pudo hacerlo. Poncio Pilato también trató (y fracasó) de lavar sus manos en la sangre de Cristo y liberar a su conciencia culpable (Mateo 27:24-26). ¿Es realmente posible que Julia haya encontrado perdón aunque no se sienta perdonada?

PRACTICA: Si nunca has confiado en Jesucristo para que perdone tus pecados, permaneces "culpable" delante de un Dios santo. Solamente aceptando el sacrificio de Cristo puedes ser declarado "no culpable".

O quizás ya hayas confiado en Cristo como tu Salvador, pero no has vivido como un verdadero hijo de Dios. Si este es el caso, reconoce tu desobediencia a Dios, pídele perdón en el gozo de Cristo y confíate a su poder para que puedas "vivir una nueva vida" (Romanos 6:4).

GRABA: Busca una copia de la Biblia al Día y lee Romanos 3:21-31.

Ora por esta intención:

CUATRO

▶ ▶ ▶ ▶ ▶

71

Buenas nuevas para darte en el día 5.

Julia ha dado los pasos para protegerse contra otro desastre como el del sábado por la noche. Ha dialogado ampliamente con su novio y entre ambos han establecido normas nuevas y más altas en sus relaciones (citas de dos parejas, muchas actividades en grupo, no permanecer solos en la oscuridad).

Además, Julia ha iniciado un programa de memorización de la Escritura, ella está empezando a comprender más y más acerca del maravilloso perdón de Dios.

La exquisita libertad del perdón

EXAMINA: El perdón es fantástico, por muchas razones.

1. Nos brinda la paz con Dios. "Habiendo sido justificados por la fe, tenemos paz para con Dios, por medio de nuestro Señor Jesucristo" (Romanos 5:1).

2. Significa que Dios olvida nuestra acciones pecaminosas: "Entonces, Él añade: Y nunca más me acordaré de sus pecados e iniquidades" (Hebreos 10:17).

3. Ayuda a superar nuestro pasado lleno de pecado: (1 Timoteo 1:12-17).

4. Nos proporciona un sentido renovado de gozo (Salmo 51:12; Romanos 4:6-8).

REFLEXIONA: En ocasiones, los cristianos luchan con el pecado antes de reconocerse pecadores. De acuerdo con la Biblia, ellos están perdonados (1 Juan 1:9) pero ellos no son conscientes de ese hecho. Esto es conocido como falsa culpa.

La fuente de estos sentimientos se describen en Apocalipsis 12:10. Allí Satanás es llamado "el acusador de nuestros hermanos, el que los acusa ante el Señor día y noche". ¿Estás sufriendo de falsa culpa?

PRACTICA: La mejor forma para evitar las trampas de la culpa es ¡huir, en primer lugar, del pecado! He aquí algunos puntos para hacerlo hoy y todos los días:

• Conságrate a Dios (Romanos 12:1).
• Ponte la armadura de Dios (Efesios 6:10-18).
• Sumérgete en la Palabra de Dios (Salmo 119:11).
• Asociate con creyentes (Hebreos 10:24-25).
• Recuerda frecuentemente las serias consecuencias del pecado (Gálatas 6:7).
• Camina en el poder del Espíritu Santo (Gálatas 5:16-26).

GRABA: Lee el Salmo 103:12. El sábado reflexiona en Miqueas 7:19. El domingo, lee Isaías 44:22.

▶▶▶▶▶▶ CINCO **CULPA** ▶▶▶ ▶▶▶▶

♥CONTENTAMIENTO♥♥

La fórmula para la felicidad

La investigación sobre enfermedades es buena noticia en estos días. Nuevos hallazgos sobre el SIDA, datos alentadores sobre el cáncer, informes de la Asociación Americana para enfermedades del corazón. El hecho es que constantemente oímos hablar de más enfermedades amenazantes.

Todas excepto una.

Esta particular inestabilidad invade el espíritu y afecta a millones (quizás billones) de individuos con un devastador sentido de insatisfacción. Tú también puede ser infectado. Pero no te alarmes. Esta enfermedad tiene cura. Se llama contentamiento.

"Pero la piedad, en efecto, es un medio de gran ganancia cuando va acompañada de contentamiento". (1 Timoteo 6:6).

La insatisfacción empieza con refunfuños

En Centerville, son las 6.30 A.M. Eso significa que el refunfuño está comenzando.

- Simona, de 16 años hace un rápido inventario de su clóset. Entonces, se tira en la cama, de espaldas. "Mi ropa es la peor en la historia del mundo", suspira.

- Con sus 15 años, Carlos da un tropezón con la cama de su hermanito; él murmura, "&%$#@", quiero mi propio cuarto".

- José, de 16 años, se mira en el espejo con disgusto. "Hoy mismo me incorporo a un gimnasio".

EXAMINA: Una forma rápida de saber si tú has contraído la enfermedad de la insatisfacción es escuchar lo que sale de tu boca. Si sólo querella y quejas son parte de tu conversación diaria ¡cuidado!

Después de la liberación del cautiverio egipcio y del milagro de la provisión antes mencionado, los israelitas se quejaban continuamente. ¡Nunca estaban contentos! Una y otra vez se quejaban. Números 11; 14:2-4; 16:11, 41; 20:2-5; 21:4-7). Finalmente dijo Dios: "¿Hasta cuándo tendré que sobrellevar a esta congregación malvada que murmura contra ti?.... En este desierto serán destruidos, y aquí morirán" (Números 14:27, 35).

REFLEXIONA: Escucha con cuidado: no es malo tener vestidos bonitos, una habitación propia o un buen estado físico. Tampoco es malo, hasta cierto punto, querer todas esas cosas. Los problemas empiezan cuando olvidamos todo lo que tenemos y sólo nos concentramos en lo que no tenemos.

¿Has estado refunfuñando mucho últimamente? ¿Cuáles son las áreas de tu vida en las cuales encuentras mayor insatisfacción?

PRACTICA: Comienza tu estudio semanal sobre el contentamiento haciendo estas cinco cosas:

1. Preséntale a Dios tus disculpas por todas las veces que te quejaste la semana pasada.

2. Pídele que te ayude a cambiar tu centro de atención en la presente semana.

3. Invita a un amigo para que estudie contigo el tema del contentamiento.

4. Memoriza el versículo de la página anterior.

5. Mira alrededor de tu cuarto y dale gracias a Dios por algunas de las cosas que posees.

GRABA: Lee 1 Corintios 10:10-12 y Filipenses 2:14.

▶ ❤ ❤ ❤ ❤ UNO **CONTENTAMIENTO**

"Yo quiero": Mal consejero

Veamos lo qué está sucediendo con Simona. (Tú te acordarás que ayer ella se estaba lamentando del mal estado de su guardarropa).

La alcanzamos en el centro comercial, ¡su carácter está deteriorándose rápidamente!

"Todos mis amigos tienen ropa elegante pero yo tengo que vestirme como cualquier persona de la calle. Así que he venido al centro comercial y no puedo encontrar nada decente por menos de cincuenta dólares.

"¿Por qué mi familia no tendrá más dinero? Yo sólo quiero unas cuantas prendas de buena calidad".

EXAMINA: Algunos, como Simona, quieren más ropa. Otros incluyen en la lista un carro más bonito (o sólo tener un carro, durante un tiempo), un mejor equipo de sonido, o dinero adicional. Cualquiera que sea el deseo, necesitamos recordar esto:

"Porque nada hemos traído al mundo, así que nada podemos sacar de él" (1 Timoteo 6:7) . También tenemos que adoptar la actitud del apóstol Pablo: "Y si tenemos qué comer y con qué cubrirnos, con eso estaremos contentos" (1 Timoteo 6:8).

REFLEXIONA: Pregunta: ¿Cómo hacen los artesanos o los comerciantes para que nosotros les compremos sus productos o sus servicios? Respuesta: Ellos gastan billones de dólares cada año en propaganda. Cada anuncio está cuidadosamente diseñado para hacernos sentir descontentos con lo que tenemos: "Mi carro es una bomba; necesito uno nuevo" o "Mis vestidos son de lo peor; es hora de ir de compras" o "Mi cuerpo es un desastre; debo ir al gimnasio".

Los anunciadores saben que alimentar nuestra insatisfacción funciona como por encanto.

PRACTICA: Mira si esto ayuda:

1. Haz una lista de todas las cosas materiales que te gustaría tener. No te inhibas, escribe todo.

2. Ora de esta manera: "Padre, como lo muestra mi lista, yo soy un mal caso de los "yo quiero". En lugar de buscar primero tu Reino, Señor (Mateo 6:33), yo he estado buscando cosas materiales. Cámbiame, Señor. Ayúdame a superar la atracción por las cosas pasajeras y sentir más devoción hacia ti. Ahora mismo, yo dejo todos mis deseos en el altar de tu voluntad. Haz con ellos lo que veas más conveniente. Amén".

3. Toma la lista y quémala.

GRABA: Lee Hebreos 13:5.

Ora por esta intención: —————————————————

DOS

❤ ❤ ❤

Contentamiento en las situaciones difíciles

Veamos lo que sucede con Carlos. Cuando lo observamos (día 1), él estaba muy furioso debido al lugar donde vive su familia. Helo aquí otra vez...

"Hola, Carlos, ¿cómo va todo?"

"Hombre, ¡de mal en peor! Tú estás como mi familia — echándome en cara, y cortándome las alas—. ¡Creo que no encontraré paz hasta no conseguir lo mío propio!"

"¡Señorito, disculpa la pregunta! ¡Uhm!"

EXAMINA: Si como Carlos, estás pasando por una situación desagradable, escucha las palabras de Pablo: "He aprendido a contentarme cualquiera que sea mi situación. Sé vivir en pobreza, y sé vivir en prosperidad; en todo y por todo he aprendido el secreto tanto de estar saciado como de tener hambre, de tener abundancia como de sufrir necesidad" (Filipenses 4:11-12). ¿Cuál es el secreto? Este: "Todo lo puedo en Cristo que me fortalece" (v.13).

REFLEXIONA: ¿Cómo reaccionarías en las siguientes situaciones?

- Estás tan enfermo que debes repetir el año escolar.
- Trasladan a tu papá y debes alejarte de tus amigos.
- Pasas tres meses sin tener ninguna cita (con una amiga).
- Te expulsan del equipo del colegio.
- Tu familia se cambia a un apartamento pequeñito, precisamente al lado de Carlos.

PRACTICA: Si hoy te encuentras en una situación desagradable, encuentra la ayuda precisa, en Filipenses 4:13:

Potencial: Podemos "hacer todo" (así, pues, sonríe, agradece, busca una moneda de plata y convierte lo que es malo en bueno).

Persona: Lo conocemos a "Él", la fuente del verdadero contentamiento. (Colocándonos en la providencia de nuestro Padre celestial nuestros problemas tienen ya una nueva perspectiva.)

Poder: Podemos contar con Su fortaleza (podemos cambiar nuestras frustraciones y nuestras debilidades por su poder).

GRABA: Descubre el contentamiento, no importa las circunstancias, en Filipenses 4:19.

❤ ❤ ❤ ❤ ❤ TRES **CONTENTAMIENTO**

¿Descontento con tu apariencia?

José fue el último de los tres que vimos el primer día; él estaba mirándose en el espejo su musculatura y descorazonado se hacía la promesa de mejorar su contextura muscular.

Obviamente que José no es Schwarzenegger, pero tampoco es un muchacho flaco como los que aparecen en un cartel que muestra el hambre que hay en el mundo.

Con sus 5'10" y su 160 libras, se ve muy bien. No tiene sobrepeso, bien proporcionado, y nadie diría que ¡su trasero es demasiado grande!

La verdad es que hay muchos muchachos que se cambiarían gustosamente por tener un físico como el de José.

EXAMINA: Nunca ha habido en la historia una época en la cual una cultura haya estado tan obsesionada con la buena condición y la apariencia física, como en estos tiempos. La liposupción está en el número uno en los diferentes tipos de cirugía estética del momento. El número de gimnasios y equipos se multiplican de la noche a la mañana. Toda clase de equipos para hacer ejercicios en casa aparecen por todas partes. ¿Qué significa todo esto? La gente está inconforme con su apariencia física, y ponen todo su esfuerzo para cambiarla.

Por lo tanto, estas palabras son muy apropiadas para nosotros: "Porque el ejercicio físico aprovecha poco, pero la piedad es provechosa para todo, pues tiene promesas para la vida presente y también para la futura" (1 Timoteo 4:8).

REFLEXIONA: No es malo estar en un programa de ejercicios físicos. Pero sí es equivocado vivir obsesionado con la apariencia física —no estar contento nunca con tu figura.

Recuerda cuatro cosas:
• Dios te hizo tal como eres.
• La apariencia perfecta es imposible de alcanzar.
• Una buena apariencia es difícil de mantener.
• La apariencia externa tiene solamente un valor limitado.

PRACTICA: Ahora, pon en práctica estas cuatro cosas:

1. Evalúa cuánto énfasis le das tú a la apariencia personal.

2. Evalúa en una escala de 1 a 10 qué tan contento estás con tu apariencia: (1 significa: "No me importa el gimnasio..."; 10 significa: "Gracias, Señor, por la forma en que me hiciste".

3. Mírate en el espejo y destaca los buenos rasgos que tienes.

GRABA: Considera el mensaje de 1 Samuel 16:7.

Ora por esta intención:

CUATRO

Seis meses, después de los acontecimientos del día 1, encontramos:

• Simona ha consegl uido trabajo en un almacén de vestidos que le da 25% de descuento como empleada que es. Ella ha estado mejorando su guardarropa, aunque todavía no se encuentra satisfecha.

• Carlos, después de leer y poner en práctica las lecciones de las cuatro páginas anteriores está mucho más contento. Él todavía desea tener su propio cuarto pero no permitirá que esa condición limitada le robe su alegría.

• José se ha metido en el cuento de los músculos, levantando pesas y tomando esteroides. Su cuerpo luce muy fuerte, pero la cara se le ha brotado y el pelo se le está cayendo..

En busca de la verdadera satisfacción

EXAMINA: Necesitamos aprender dos cosas, por lo menos, de la gente de Centerville:

1. Si buscamos solamente satisfacción permanente en las cosas de este mundo, encontraremos únicamente desilusión (1 Juan 2:17).

2. Si buscamos conocer y obedecer al Señor, encontraremos el verdadero contentamiento. Entonces y sólo entonces podremos decir con el salmista: "¿A quién tengo yo en los cielos, sino a ti? Y fuera de ti, nada deseo en la tierra. Mi carne y mi corazón pueden desfallecer, pero Dios es la fortaleza de mi corazón y mi porción para siempre" (Salmos 73:25-26).

REFLEXIONA: Sé objetivo por un momento: Pon a un lado todos tus "yo quiero", y tus "yo desearía tener".

Como cristiano, tú tienes una relación real con el único Dios verdadero. Tú has sido bendecido con toda clase de bendiciones espirituales en Cristo (Efesios 1:3). Y lo que es más, si vives en los Estados Unidos, tú vives en una de las naciones más prosperas de la tierra.

¿Qué hay de insatisfacción en eso?

PRACTICA: Si quieres desarrollar en ti una actitud de contentamiento, es necesario que al menos por un tiempo sigas una o más de las siguientes cosas: Aléjate de los almacenes, apaga la T.V., deja de mirar ciertas revistas, evita el encuentro con gente codiciosa y dedica tiempo adicional a la Palabra de Dios.

¿Cuál de estas acciones es la que más necesitas seguir?
¿Harás el compromiso hoy?

GRABA: El sábado, lee Proverbios 15:16-17. El domingo, haz el intento de orar con el Salmo 17:15.

♥ ♥ ♥ ♥ ♥ **CINCO** **CONTENTAMIENTO**

HECHOS INSÓLITOS

PERO VERDADEROS EN LA BIBLIA

fuego al palacio estando en él (1 Reyes 16:8).

• Leyendo tres capítulos diariamente (cinco capítulos el sábado) tú puedes leer la Biblia en un año.

• Los cerdos hormigueros no se mencionan nunca en la Biblia.

• La oración más corta de la Biblia es la de Pedro: "¡Señor, sálvame!" (Mateo 14:30).

• A los 10 años, Abraham Lincoln había leído tres veces la Biblia completa.

• El nombre más largo de la Biblia es Maher-shalal-hash-baz, (¿No te sientes contento de que Isaías no fue tu papá?) Este nombre significa: "Listo para el pillaje y ligero para el botín" (Isaías 8:3).

• Los nombres *Josué* y *Jesús* significan lo mismo "Dios es Salvación".

• Zimri fue rey de Israel por una semana cuando se suicidó prendiendo

• Cuando Josué conducía a los hijos de Israel en batalla contra los amorreos, Dios hizo parar la rotación de la tierra, lo cual dio como resultado la luz permanente del día por casi 48 horas continuas. Esto dio a los israelitas el tiempo necesario para conquistar a sus enemigos (Josué 10:12-14).

• La palabra *Biblia* procede de la palabra griega *biblios* y significa "libros".

• La versión de la Biblia del rey Santiago (King James, en inglés) Esdras 7:21 contiene todas las letras del alfabeto excepto la J.

• Mateo 18:10 señala que los niños tienen ángeles personales.

• Dios no se menciona nunca en el libro de Ester.

¿ENTRENADOR ESPACIAL

O DIOS DE GRACIA?

Algunos cristianos pintan a Dios como alguien severo y exigente, algo así como un entrenador espacial de fútbol. Merodeando los límites del cielo, Él toma nota en un tablero gigante y grita constantemente: "¡Vamos!, reúnanse allá", y también: "Está bien, manada de necios, ya estoy harto de sus payasadas".

"Puesto que Dios mantiene toda esa lista de registros", algunos piensan "será mejor que me porte bien".

De otra manera "Dios no me aceptará. Un pequeño desliz y me sacará del partido".

¡Qué mentira! Dios no se relaciona con nosotros basado en lo que hacemos o no hacemos. Eso es vivir según la ley. No. Él se relaciona con nosotros basado en lo que Cristo ha hecho. Eso es vivir según la gracia.

De ahí que creer en la muerte de *Cristo* sea tan radical. Significa que somos aceptados plenamente. La presión se ha ido. La libertad llega.

El siguiente cuadro muestra la diferencia entre vivir según la ley y vivir según la gracia. ¿Qué columna describe mejor tu vida con Dios?

La servidumbre de la ley (Gálatas 3:23-25)	La libertad de la gracia (Romanos 3:21-31)
penalidades: (Todas estas *reglas* me matan)	**gozo:** ("¡La *relación* es excelente!")
temor: (Dios puede condenarme)	**paz:** ("¡Jesús ha cargado con todo el peso de mi pecado!")
ineficiencia: ("Lucho por ganarme su aceptación")	**victoria:** ("¡Sé que no puedo ganarme su aceptación... pero puedo recibirla en la fe!")
condenación: ("Soy vulgar y sucio")	**poder:** ("Él puede")
debilidad|Incapacidad ("No puedo")	
énfasis en mi desempeño: ("*Tengo* que ser bueno")	**énfasis en mi desempeño:** ("¡Por causa de Cristo *quiero* ser bueno!")

¿No te alegras de que tu Padre celestial sea un Dios de gracia? ¿No crees que ya es hora de empezar con Él una relación sobre esa base?

✶ ✶ ✶ ✶ ✶ ✶ ✶ **IRA** ✶ ✶ ✶ ✶ ✶ ✶ ✶ ✶

¿Es malo estar enojado?

Ira.

¿Qué es lo que causa que la gente enfurecida se salga de sus casillas, pierdan la paciencia y más aun pierda los estribos? ¿O qué hace que los profesores malhumorados cierren los ojos, pierdan los estribos y se pongan coléricos? ¿O qué incita a unos padres furiosos que se desquiten con nosotros, nos den una paliza o nos cojan por el cuello?

La ira. ¿Qué otra cosa puede hacernos subir el calor al cuello, hacernos hervir la sangre y aun hacernos explotar? ¿Sermoneado? ¿Loco como una avispa?

¡Entonces, las páginas siguientes son para ti!

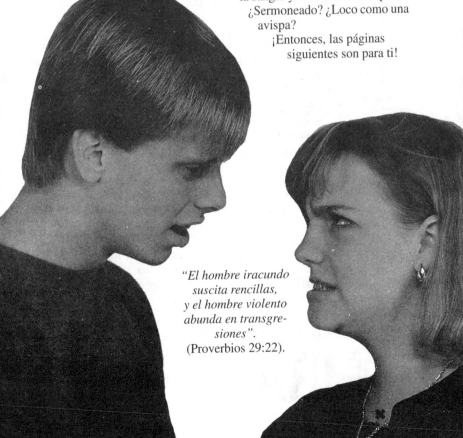

"El hombre iracundo suscita rencillas, y el hombre violento abunda en transgresiones".
(Proverbios 29:22).

Eduardo ha tenido un día malo. Ahora, después de la escuela está en el garaje, lanzando dardos con Samuel.

Samuel ha tenido un día bueno. Se ha mostrado detestable con Eduardo molestándolo y poniéndolo nervioso.

Cuánto más molesta a Eduardo, más colérico se vuelve éste. De pronto Eduardo se vuelve hacia él con los ojos encendidos.

Mientras le grita: "¡Te dije que te callaras!", le lanza a Samuel un dardo directo en el muslo!

Es peligroso ponerse "rabioso"

EXAMINA: La ira es una emoción peligrosa que a menudo tiene resultados devastadores.

• Las palabras cargadas de ira pueden causar daño emocional. "Y la lengua es un fuego, un mundo de iniquidad. La lengua está puesta entre nuestros miembros, la cual contamina todo el cuerpo, es encendida por el infierno e inflama el curso de nuestra vida.... pero ningún hombre puede domar la lengua; es un mal turbulento y lleno de veneno mortal" (Santiago 3:6,8).

• Los pensamientos iracundos pueden conducir a la amargura y al odio (2 Samuel 13).

• Las acciones llenas de ira pueden concluir en asesinato. (Génesis 4:3-8).

REFLEXIONA: La ira tiene otros efectos colaterales. De acuerdo con los siquiatras cristianos Paul D. Meier y Frank B. Minirth: "La ira reprimida es la raíz de casi todas las depresiones clínicas".

Y añade ese enunciado al que leímos en el comienzo del mes que un buen número de pacientes en los hospitales mentales se encuentran allí debido a la culpa. Entonces, date cuenta: Si todos hiciéramos lo que el Señor dice acerca de la ira y la culpa, una buena cantidad de consejeros se quedarían sin trabajo.

PRACTICA: ¿Está la ira al borde de destruir tu vida? Sigue estos pasos para que puedas manejar tus emociones apasionadas.

1. Ora. Quizás no sientas que estás hablando con el Señor, pero Él quiere oírte —aun cuando estés furioso—. Verbalizar tus sentimientos te ayudará a calmarte.

2. Siéntate con un cristiano más maduro y mayor que tú y pídele consejo.

3. Elige perdonar a las personas que te han ofendido. Tú no puedes controlar los sentimientos de resentimiento o borrar una pena de tu memoria, pero por un acto de tu voluntad tú puedes decidir no retener nada contra ninguna otra persona.

GRABA: Lee Mateo 5:21-22

✖ ✖ ✖ ✖ UNO **IRA** ✖ ✖ ✖ ✖ ✖ ✖ ✖ ✖ ✖ ✖

Cómo ser bueno estando enojado

"Ay!", grita Samuel apretando los dientes y agarrándose la pierna adolorida. "¿Te has vuelto loco?"

La cólera temporal de Eduardo ha dado paso a la culpa. "Lo siento, hombre, ¿te encuentras bien?"

Al no tener ninguna respuesta, Eduardo mascula: "Samuel, no sé qué es lo que me hace estallar de esa manera. Lo siento de verdad".

Por fin Samuel mueve la cabeza.

"No te preocupes. Pero, ¿cómo crees tú que tengo que saber que tienes los nervios alterados si no me lo dices? Hombre, un día tú vas a matar a alguien, si no aprendes a expresar tus sentimientos".

EXAMINA: La respuesta de Samuel es un ejemplo excelente de cómo manejar la ira. ¿Se enojó por haber sido blanco de un dardo hostil? (¿Qué piensas?) ¿Sintió que quería vengarse? (¡En absoluto!) ¿Hubiera podido albergar un sentimiento de ira contra su explosivo amigo? (Seguro, y muchas personas lo harían.)

Él no hizo ninguna de estas cosas. Al contrario, practicó la verdad contenida en este versículo: "Airaos pero no pequéis; no se ponga el sol sobre vuestro enojo, ni deis oportunidad al diablo" (Efesios 4:26-27).

REFLEXIONA: ¿De acuerdo con ese versículo, es posible estar furiosos sin pecar? ¿En cuáles ocasiones la ira no es mala? ¿Cuánto debes esperar para controlar tu ira? ¿Qué pasa si no resuelves rápidamente las situaciones hostiles?

PRACTICA: ¿Con ira? Es el momento para un R y R (recordar y reaccionar).

1. Recuerda que los sentimientos de ira no son necesariamente malos. (No siempre tienes que sentirte mal por tus sentimientos de furia.)

2. Reacciona correctamente. Los sentimientos de ira deben ser controlados con prontitud y completamente. Tienes necesidad de resolver las situaciones hostiles tan pronto sucedan. ¡No esperes! ¿Necesitas visitar o llamar por teléfono a alguien? Hazlo hoy mismo... ¡o estarás dando pie al demonio para que se meta en tu vida!

GRABA: Aun Jesús sintió ira—Marcos 3:1-5 y Juan 2: 13-17.

Ora por esta intención:

✖ ✖ ✖ ✖ DOS

Eduardo miró a Samuel con rencor. "¡Qué bien! ¿Tendré ahora que recibir una conferencia para aprender a expresar mis sentimientos?

¡Qué bueno! Pero, Samuel, te he dicho que lo siento, ¿está bien? Así que deja tu psicoanálisis".

Samuel estaba disgustado. "¡Eduardo, cálmate! No estaba atacándote. Simplemente hice una sugerencia. ¡Estás esquizofrénico! Eres como el doctor Jekyll y el señor Hayde?"

Con esto, Samuel da la vuelta, sale del garaje y deja a Eduardo, inclinado sobre su mesa de trabajo con un dardo ensangrentado en su mano.

Ira por razones equivocadas

EXAMINA: Podemos ponernos iracundos por cualquier número de razones equivocadas.

• Cuando nuestro orgullo ha sido herido (Números 22:24-29).

• Cuando vemos en otros pecados que también tenemos nosotros (Génesis 38:11-26).

• Cuando somos testigos de la bondad de Dios y su misericordia con los pecadores (Jonás 3:10; 4:4; Lucas 15:28-32).

• Cuando somos confrontados con nuestros pecados: "El que corrige al escarnecedor, atrae sobre sí deshonra, y el que reprende al impío recibe insultos. No reprendas al escarnecedor, para que no te aborrezca; reprende al sabio, y te amará (Proverbios 9:7-8).

REFLEXIONA: ¿Con frecuencia te pones furioso con Dios? ¿Cómo permitió el Señor que esto sucediera?

Es una reacción común, especialmente cuando la gente pierde a uno de sus seres queridos.

Desafortunadamente, la ira contra Dios es inapropiada. (¿Qué derecho tenemos de enojarnos con un Padre celestial que siempre es completamente bueno y amoroso con nosotros? Ver Romanos 9:20-21.)

Afortunadamente, el Señor es paciente cuando la gente afligida cuestiona su bondad.

PRACTICA: ¿Te sientes culpable por iras sin fundamento? ¿Has sido hostil por razones equivocadas? Si es así, ora de la siguiente manera: "Padre, yo sé que no es necesariamente un pecado estar enojado, pero sí es pecado estar furioso por razones equivocadas. Perdóname, por enfadarme tanto cuando_____. Ayúdame a tener una actitud como Cristo en el futuro. Gracias por amarme, a pesar de hacer lo que yo hago. Amén".

GRABA: Piensa profundamente en la pregunta de Gálatas 4:16. ¿Cómo respondes cuando alguien te dice la verdad?

✖ ✖ ✖ ✖ TRES **IRA** ✖ ✖ ✖ ✖ ✖ ✖ ✖ ✖ ✖ ✖

Detener la cólera en su camino

Cuando Rafael iba caminando por el corredor, uno de sus "amigos" le puso una zancadilla. Rafael dio un traspiés. Todos se rieron de él. La respuesta de Rafael es

_____ .

• La madre de Carmen toma contra ella una actitud de abogado acusador. "Fuiste a ver a Roberto, anoche, ¿no es verdad? No hiciste caso de lo que tu padre y yo te dijimos".

• Carmen es inocente de los cargos, pero su madre no la escucha. Carmen reacciona _____ .

• Raimundo riega una gran mentira (una mentira que hace daño) acerca de Marcos. Marcos responde_____ .

EXAMINA: La palabra de Dios nos da muchos consejos para superar la ira en nuestras vidas.

1. Evita la gente hostil cuando sea posible: "No te asocies con el hombre iracundo; ni andes con el hombre violento, no sea que aprendas sus maneras, y tiendas lazo para tu vida" (Proverbios 22:24-25).

2. Decide pasar por alto las ofensas menores. "La discreción del hombre le hace lento para la ira, y su gloria es pasar por alto una ofensa" (Proverbios 19:11).

3. Rehúsa responder de manera hiriente a una persona furiosa (Proverbios 15:1).

4. Piensa antes de reaccionar: "No te apresures en tu espíritu a enojarte, porque el enojo se anida en el seno de los necios" (Eclesiastés 7:9).

REFLEXIONA: De Thomas Jefferson, presidente de los Estados Unidos se cuenta que dijo: "Cuando estás furioso, antes de hablar cuenta hasta diez, y si estás muy furioso, cuenta hasta cien".

¿Es este un buen consejo? ¿Funciona adecuadamente? ¿Cómo reaccionas cuando sientes que estás empezando a ponerte furioso? ¿Tu método para controlar la ira tiene éxito?

PRACTICA: Llena los espacios en blanco que aparecen en la historia de acuerdo con la forma en que contestaría un adolescente de tu escuela. Después completa las frases de acuerdo a cómo tú responderías en cada situación. Piensa en la gente que vas a ver y los lugares en los cuales vas a estar durante las siguientes 24 horas. ¿Qué situaciones enfrentarás que tienen gran potencial de llegar a ser hostiles? Ora por cada una de ellas, pidiéndole a Dios te dé su paciencia y su amor. Dedica cinco minutos a meditar en Efesios 4:31-32.

GRABA: Lee Proverbios 17:14 y Santiago 1:19-20.

Ora por esta intención:

✖ ✖ ✖   CUATRO

85

La discusión acerca de Dios, en la escuela dominical de la señora García, la semana pasada fue algo así:

Tony: "A mí no me gusta pensar en Dios de esa forma. Yo no puedo aceptar que Él se ponga furioso y esté lleno de ira y tonterías".

Alfredo: "Sí, yo lo veo más como amoroso. Tú sabes, 'Dios es amor'"

José: "¡Es por eso exactamente que yo no creo en el infierno! Porque si Dios es bueno, no me puedo imaginar que pudiera enviar gente al fuego eterno".

La verdadera y temible ira de Dios

EXAMINA: Tienen los jóvenes razón al pensar en Dios como un ser amoroso y bueno. Pero no debemos distorsionar su imagen. Pues la Biblia también dice claramente que el pecado hace enfurecer a Dios.

• "Mas los hijos de Israel fueron infieles ... y la ira del Señor se encendió contra los hijos de Israel" (Josué 7:1).

• "Pero a los que son ambiciosos y no obedecen a la verdad, sino que obedecen a la injusticia: ira e indignación" (Romanos 2:8).

• "Que nadie os engañe con palabras vanas, pues por causa de estas cosas la ira de Dios viene sobre los hijos de desobediencia" (Efesios 5:6).

REFLEXIONA: Un adolescente cristiano se mete en líos y peca "para mucho rato" (embarazo, droga, robo). ¿Significa esto que el Señor va a estallar enjuiciándolo? ¿Vaciará toda su furia en este díscolo jovencito?

No. La ira de Dios quedó satisfecha con la muerte de Cristo (1 Juan 2:2). Los cristianos deben darse cuenta, sin embargo, que las consecuencias del pecado siguen y Dios disciplina a sus hijos. Por otra parte, los que rechazan a Cristo, ¡un día se verán ante la ira de Dios!

PRACTICA: Deja que el hecho real de la ira de Dios te disponga a conducir a tus amigos y parientes no cristianos a Cristo.

1. Ora por su salvación.

2. Lleva una vida consecuente y gánate el respeto de ellos.

3. Sin ser molestoso, trata de iniciar conversaciones sobre temas espirituales.

4. Invita a tus amigos a los programas evangélicos especiales en tu iglesia.

5. Preséntalos a cristianos maduros, comprometidos.

GRABA: Lee un poco más sobre la ira de Dios en el Salmo 2. El sábado, reflexiona sobre Romanos 1:18 y el domingo, medita en Juan 3:36.

✳ ✳ ✳ ✳ CINCO IRA ✳ ✳ ✳ ✳ ✳ ✳ ✳ ✳ ✳ ✳

▲▲▲▲▲ CARRERA ▲▲▲▲▲

Algo más que un salario

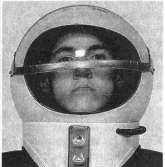

"En pos del SEÑOR vuestro Dios andaréis y a Él temeréis; guardaréis sus mandamientos, escucharéis su voz, le serviréis y a Él os uniréis".
(Deuteronomio 13:4)

Pregúntale a un niño pequeño: "¿Qué quieres ser cuando seas grande?", y oirás lo que te cuenta. Para un niño ninguna pregunta es tan fascinante como esa —a no ser que ser que se trate de la vieja pregunta: "¿Cuántos años tienes?"

Bien de eso se trata: Ya no eres un niño. Ya has crecido lo suficiente. Y ha pasado el tiempo como para que empieces a pensar para lo que fuiste creado.

▲▲▲▲▲▲▲▲▲▲▲▲▲▲▲▲▲▲▲▲▲▲▲▲▲▲▲

"¿Qué debo hacer con mi vida?"

Los alumnos de último año ya se graduaron y todos los miembros del grupo están ansiosos por saber qué harán con su vida: Algunos se están preparando para la universidad, otros se están iniciando en una variedad de trabajos y unos pocos, pronto comenzarán alguna carrera en el servicio militar.

Toda esta conmoción ha puesto a los jóvenes del curso anterior a pensar seriamente qué va a ser de sus vidas al terminar la escuela secundaria.

"¿Tú ya sabes qué quieres hacer, Carlos?" "¿Quién, yo? ¿Estás bromeando? Si ni siquiera sé qué voy a hacer el próximo fin de semana ¡mucho menos el resto de mi vida!"

EXAMINA: Primero la mala noticia: La Biblia no da directrices específicas sobre profesiones. No dice, por ejemplo: "La voluntad de Dios es que Tomás siga una carrera de aviación". Sin embargo, la Biblia sí da una serie de principios fundamentales que pueden ayudarnos a pensar en esta área. Una carrera escogida debe:

1. Dar gloria a Dios (1 Corintios 10:31).

2. Anticipar el reino de Dios. "Buscad primero su reino y su justicia, y todas estas cosas os serán añadidas" (Mateo 6:33).

3. Capacitarnos para usar las habilidades que Dios nos ha dado para servir a los demás. "Según cada uno ha recibido un don especial, úselo sirviéndoos los unos a los otros como buenos administradores de la multiforme gracia de Dios" (1 Pedro 4:10).

REFLEXIONA: Escoger una carrera es más que encontrar un trabajo y recibir un salario. Implica descubrir tus intereses, dones y habilidades y luego encontrar dónde ponerlos al servicio del mundo como siervos de Dios y de los hombres.

Considera estas preguntas:
• ¿Cuál es mi propósito en la vida?
• ¿Para qué he sido creado?
• ¿Qué contribución me gustaría hacer al mundo?

PRACTICA: Comienza el largo estudio de la semana de este importante tema con esta oración: "Querido Dios, quiero ser alguien de valor en mi vida. A medida que estudio principios bíblicos esta semana, empieza a revelarme tu propósito en mi vida. Te lo pido en el nombre de Jesús. Amén"

GRABA: ¿Cómo afectarían tu decisión por una carrera (si la afectan) los mandatos de Hechos 1:8?

▲▲▲▲▲▲ UNO CARRERA ▲▲▲▲▲

¡No tropieces y caigas sobre tu vocación!

Sentados formando un círculo, después del estudio bíblico, algunos miembros del grupo de último año, están hablando con Javier, el líder juvenil, sobre una conferencia para escoger carrera.

"Espero que la conferencia me dé alguna dirección, porque yo no sé qué hacer. He oído todo eso acerca de "ser llamado por Dios", pero ¿eso qué significa?

Nunca he oído a Dios hablarme en voz alta. Y ahora, Lorenzo se va a matricular en la universidad para estudios bíblicos porque dice que ha sido "llamado a predicar".

"Crees tú en esto, Javier? ¿Fuiste llamado por Dios?"

EXAMINA: "Cuando leo la Biblia", responde Javier, "veo a algunos personajes que fueron llamados por Dios en forma dramática. Por ejemplo, tomemos a Abraham. Dios, repentinamente le habla y le dice: "Vete de tu tierra, de entre tus parientes y de la casa de tu padre, a la tierra que yo te mostraré" (Génesis 12:1).

"Otros fueron conducidos por el Señor en formas menos dramáticas. En el libro de Ester, no se habla de nadie que haya oído la llamada de Dios. ¡En efecto, en este libro no se menciona nunca a Dios! No obstante es claro que Él está detrás de la escena protegiendo y guiando a su pueblo.

"Si me preguntas, puedo decirte que creo que algunas veces Dios habla a nuestro corazón, y nos impulsa a hacer algunas cosas. Otras veces nos guía a través de los acontecimientos y las circunstancias".

REFLEXIONA: ¿Sabes que has sido llamado a ser santo (Romanos 1:7); a ser como Cristo (Romanos 8:28-30); a vivir en paz (1 Corintios 7:15), a ser libres (Gálatas 5:13) y a vivir una vida santa (1 Tesalonicenses 4:7)?

PRACTICA: ¿Cómo puedes escuchar el llamado de Dios? Colocándote al servicio de su Palabra y de su mundo.

Lee periódicos, revistas y cartas de misioneros. Mira películas y documentales que te muestren las necesidades en el hogar y fuera de él. Vincúlate en un proyecto misionero a corto plazo.

A medida que oras y tratas de resolver las necesidades del mundo y miras cara a cara el sufrimiento de los hombres, puedes sentir la conducción de Dios (o el llamado de Dios) en una dirección particular.

GRABA: No olvides que Dios te llama a "vivir una vida de amor" —Efesios 5:1-2.

Ora por esta intención: _____

DOS

89

¡El dinero no es siempre la felicidad!

Escuchemos a uno de los consejeros en la conferencia sobre orientación profesional:

"Y así Marcos estaba haciendo mucho dinero. Él había elegido una gran carrera. Pero... ¡se sentía muy miserable! Él vino a verme y ma dijo: 'Odio mi trabajo. ¡Escogí este trabajo sólo porque todo el mundo me decía que allí haría mucho dinero!'

"Yo le dije: 'Marcos, olvida el dinero por un momento y dime: si tú pudieras hacer otro trabajo, cualquier cosa, en el mundo, ¿en qué clase de trabajo encontrarías satisfacción?'"

(*Continúa en la próxima columna.*)

"Él pensó por un minuto y dijo: ¡A mí siempre me han gustado las matemáticas... y me han fascinado los estudiantes de secundaria. Yo creo que me gustaría ser profesor de matemáticas en la escuela secundaria.

"'Entonces, ¡hazlo!', le dije.

Sabes ¿qué? ¡Lo hizo! Marcos, ingresó a la universidad y ahora es un profesor de matemáticas en secundaria. Él gana casi la mitad del dinero de lo que ganaba antes, pero ahora se siente diez veces más realizado".

EXAMINA: Cuando pienses en una carrera, no permitas que el dinero domine tu forma de pensar. Si algo puede traer dolores de cabeza y no felicidad es el dinero: "Los que quieren enriquecerse caen en tentación y lazo y en muchos deseos necios y dañosos que hunden a los hombres en la ruina y al perdición" (1 Timoteo 6:9).

Esa es una advertencia muy directa.

REFLEXIONA: En los años sesenta, la mayoría de los estudiantes del primer curso de la universidad querían escoger carreras con el fin de ayudar a otros. Sólo unos pocos dijeron que su deseo era hacer mucho dinero. Encuestas similares hoy revelan justamente lo contrario. Sólo un pequeño porcentaje está buscando una carrera en la cual ellos puedan servir a la humanidad. La mayoría quiere carreras que los haga ricos. ¿Cómo podrías responder si te preguntan sobre tus planes profesionales? ¿Cómo respondería un cristiano?

PRACTICA: Dedica 20 ó 30 minutos para pensar en la misma pregunta que el consejero profesional le hizo a Marcos. Haz una lista de las diferentes carreras profesionales que tú consideras emocionantes y de gran satisfacción. Entonces, recuerda: ¡Cuando estamos hablando con Dios, él nos concede los deseos de nuestro corazón! (Salmo 37:3-5).

GRABA: Lee 1 Timoteo 6-10.

▲▲▲▲▲ ▲ TRES CARRERA ▲▲ ▲▲ ▲▲

o es mara-
villoso?"

"¿Quieres de-
cir la conversa-
ción de Javier
sobre el mito de
las carreras?"

"Sí. He esta-
do tan preocu-
pado pensando.
'¿Qué tal si me
ubico en la ca-
rrera equivoca-
da por el resto
de mi vida?' Me
siento aliviado
al saber que lo
que he escogido
no tiene que ser
permanente.
Está bien cam-
biar".

"Me ayudó
darme cuenta
de que no tengo
que esperar un
llamado dramá-
tico de Dios! Él
puede conducir-
me a la carrera
apropiada a tra-
vés de las cir-
cunstancias de
todos los días y
por medio del
simple y viejo
sentido común".

¡Falacias tontas que necesitamos olvidar!

EXAMINA: Considera dos falacias más acerca de los cristianos y las carreras.

1. *Sólo unas pocas carreras son apropiadas para los cristianos.* Esta declaración no puede tener apoyo en la Escritura. Con la excepción de una pocas "ocupaciones" que en sí son incorrectas, la mayoría están abiertas a los creyentes.

2. *Las mejores carreras para los cristianos son aquellas que permiten "un servicio cristiano de tiempo completo".* Todas las demás son de segunda clase. Esta afirmación pasa por alto la verdad de que "la tierra es del Señor y todo lo que hay en ella" (Salmo 24:1) y aun aquellas otras actividades "no espirituales" como comer y beber (y pudiéramos añadir: trabajar) que pueden dar gloria a Dios (1 Corintios 10:31).

REFLEXIONA: Si ser un cristiano de tiempo completo es la más alta forma de espiritualidad.

a.¿Por qué Jesús esperó 30 años para comenzar su ministerio público?

b. ¿Por qué tantos hombres de Dios en la Biblia tienen vocaciones seculares?

PRACTICA: Habla con tu líder juvenil sobre patrocinar una conferencia sobre carreras.

• Incluye tanto a estudiantes de secundaria como estudiantes universitarios.

• Planea el horario de la actividad para dos noches o un sábado.

• Invita oradores especiales, expertos en el área vocacional y consejeros en carreras.

• Instala casetas de información y concede tiempo suficiente para la interacción.

¡Un acontecimiento como éste, proporcionará un mayor contacto con la comunidad y podrías descubrir tu propia carrera!

GRABA: Cualquiera que sea la carrera, debes recordar Colosenses 3:23.

Ora por esta intención:

▲ ▲ ▲ ▲ ▲ **CUATRO**

Nuestros deseos —un designio divino

Tan pronto como Mercy se sienta en la conferencia sobre diferentes carreras y pasa la vista sobre docenas de folletos y manuales de profesiones disponibles, se siente más y más deprimida.

"¿Cómo sé yo lo que debo hacer?", gime. "¡Es todo tan confuso! ¡Hay tantas opciones!" En ese preciso momento, se acerca Javier, con una amplia sonrisa en su rostro y le dice: "¿Necesitas alguna ayuda?"

"Sí, por favor".

EXAMINA: La Escritura nos ofrece excelentes principios que podemos utilizar al escoger una carrera:

1. Examina tus fortalezas e intereses (Gálatas 6:4).
2. Busca consejos sabios (Proverbios 12:15).
3. Considera cuidadosamente las llamadas de Dios en tu vida (1 Corintios 6:19-20).

REFLEXIONA: Mentalmente llena el espacio con diferentes opciones posibles: "Yo sería un buen _____".

¿Cómo crees que tus familiares y amigos completarían este enunciado acerca de ti?

PRACTICA: Haz esta corta prueba de aptitudes para una carrera:

1. Lo que verdaderamente me entusiasma y me motiva es: (a) cumplir los requisitos necesarios; (b) superar obstáculos; (c) servir y ayudar a la gente; (d) construir y desarrollar cosas; (e) ganar reconocimiento y méritos.

2. Las habilidades que poseo y quiero poner en práctica son: (a) diseño y creatividad; (b) investigación y negociación; (c) experimentación y evaluación; (d) discurso y motivación; (e) funcionamiento y mantenimiento.

3. Disfruto: (a) números; (b) detalles; (c) métodos y soluciones; (d) gente; (e) aparatos mecánicos.

4. Trabajo mejor en: (a) ambientes competitivos; (b) situaciones estructuradas y definidas; (c) situaciones sin estructura; (d) proyectos con comienzos y finalización claros; (e) solución de problemas.

5. Me veo como: (a) un líder; (b) un trabajador independiente; (c) jugador de un equipo; (d) una persona influyente; (e) administrador automotivado.

Discute los resultados con tus padres, tu líder juvenil y/o con tu consejero orientador.

GRABA: Lee Proverbios 15:22. El sábado memoriza Colosenses 3:2. El domingo, agrega Colosenses 3:17 a tus reflexiones sobre carrera y profesión.

▲▲▲▲▲ CINCO **CARRERA** ▲▲▲▲▲

❖ ❖ SENTIMIENTOS ❖ ❖ ❖

En todo grupo de personas —compradores en un centro comercial, trabajadores en una empresa, viajeros en tránsito— hay una gran variedad de emociones.

Algunos individuos son entusiastas. Otros se sienten deprimidos. Unos pocos luchan con la ira.

Hostilidad, nostalgia, soledad —nombra una emoción, con la probabilidad de que alguien a quien conoces la esté experimentando en este momento.

Esta es la razón por la cual los Salmos en el Antiguo Testamento son tan valiosos. Hay un salmo para ti cualquiera que sea tu modo de ser.

"A Ti clamo, oh Señor; roca mía, no seas sordo para conmigo".

(Salmo 28:1)

93

"¡Ayúdame, Señor, me siento solo!"

Luisa corre escaleras arriba, hacia su habitación y se tira inmediatamente en la cama.

Sollozando, reflexiona sobre su día tan terrible.

• Justamente después de su oración esta mañana, Luisa supo que su novio Esteban ha estado saliendo con otra.

• En la piscina, esta misma tarde, dos amigos de Luisa estuvieron haciendo comentarios vulgares sobre el físico de cada chico.

• Cuando Luisa confrontó a Esteban por la noche, él se enfureció y gritó: "¡No te hagas la inocente! Yo supe que estuviste mirando a todos los chicos en la piscina toda la tarde".

EXAMINA: Todo aquel que siempre haya tratado de vivir para Dios en este mundo escandaloso puede hacer referencia al sufrimiento del rey David en el Salmo 12: "Salva Señor, porque el piadoso deja de ser; porque los fieles desaparecen de entre los hijos de los hombres. Falsedad habla cada uno a su prójimo; hablan con labios lisonjeros y con doblez de corazón.... En torno se pasean los impíos, cuando la vileza es exaltada entre los hijos de los hombres" (vv. 1-2,8).

¡Caminar con Dios a menudo da como resultado sentimientos de soledad!

REFLEXIONA: ¿Te sientes solo en tu lucha por vivir una vida correcta? ¿Te sientes triste cuando tus amigos cristianos actúan como no cristianos? ¿Cómo te sentirías si estuvieras en la situación de Luisa?

Si eres sincero, ¿te pareces más a David (el solitario, el creyente fiel). O te pareces más al pueblo al cual él se refiere (masa corrompida)?

PRACTICA: Nota en el Salmo 12, como David respondió cuando comenzó a sentir que era el único creyente comprometido de sus alrededores.

1. Él imploró a Dios (vv.1-2).

2. Él oró para que triunfara la verdad (v.3).

3. Él recordó las promesas de la Palabra de Dios (vv. 5-6).

4. Él expresó su confianza en Dios (v. 7).

Si te sientes solo por tratar de vivir para Dios en una sociedad sin Dios, haz lo que hizo David. Dedica unos minutos solo con Dios y con su Palabra. Concéntrate especialmente en el paso número tres.

GRABA: Lee todo el Salmo 12.

❖ ❖ ❖ ❖ ❖ UNO **SENTIMIENTOS**

"¡Ayúdame, Señor!, tengo miedo".

Manuel es un joven de 16 años, con un pasado.

Durante tres años, anduvo con una pandilla. Vendió droga, las consumió y robó.

Después encontró a Jesucristo, y dejando su azarosa vida pasada, Manuel se entregó completamente a Dios. Ahora, él está tratando de terminar la enseñanza secundaria y habla de llegar a ser un ministro.

Pero esta mañana, algunos viejos traficantes de droga que estuvieron por los alrededores del vecindario buscando a Manuel, decían que él les debía dinero.

Se veían furiosos.

EXAMINA: La gente que tiene problemas puede encontrar consuelo en el Salmo 40. Allí el rey David escribió: "Al Señor esperé pacientemente, y Él se inclinó a mí y oyó mi clamor. Me sacó del hoyo de la destrucción, del lodo cenagoso, asentó mis pies sobre una roca y afirmó mis pasos. (vv.1-2)

Después de recordar la bondad de Dios con él, David empieza a orar urgentemente por los problemas presentes: "Porque me rodean males sin número; mis iniquidades me han alcanzado, y no puedo ver; son más numerosas que los cabellos de mi cabeza, y el corazón me falla. Ten a bien. oh Señor, libertarme; apresúrate, Señor, a socorrerme (vv.12-13).

REFLEXIONA: Probablemente no puedas relacionar el problema que está afrontando Manuel, pero ¿estás tú atravesando por una situación problemática? ¿Un revés en el hogar? ¿Un posible cambio? ¿Amenazas de alguien en la escuela?

¿Normalmente cómo respondes cuando te sientes aplastado por circunstancias aterradoras? ¿entras en pánico... o en oración?

PRACTICA: Primero: escudriña el Salmo 40:1-8 y haz un recuento de cada detalle que el Señor ha hecho por el confundido salmista.

Segundo: reflexiona en todo lo bueno que el Señor ha hecho por ti.

Tercero: Haz una lista de las dificultades por las cuales estás atravesando actualmente. Utiliza el Salmo 40:9-17 como guía, ora por cada problema, y dile a Dios que intervenga en tu vida.

Cuarto, en el día de hoy ayuda a alguien que se encuentre en dificultades. Una palabra amable, una nota, una llamada telefónica, todos estos gestos de consideración no solamente significan mucho para un amigo, sino que te ayudarán también a salir de tus propios problemas.

GRABA: Memoriza el Salmo 40: 8 y lee el Salmo 70.

Ora por esta intención:

❖ ❖ ❖ ❖   DOS

Raquel, de 15 años de edad, está en una vivienda rústica en un complejo misionero en Haití. En los últimos 5 días, ha sido testigo de la pobreza ignominiosa (tanto material como espiritual). Ha visto gente destruida por la enfermedad (del cuerpo y del alma).

Esta tarde, visitó un orfanato donde docenas de niños tienen los vientres abultados y su futuro es sombrío.

Mientras escucha el coro de los grillos, ora así: "Señor, ¿por qué eres tan bueno conmigo?, ¿por qué nací en una familia cristiana, en un hogar amoroso, y con tantas bendiciones materiales?

"¿Por qué eres tan bueno conmigo, Señor?"

EXAMINA: Ciertas circunstancias crean en nosotros fuertes sentimientos de gratitud. Algunas veces podemos sentir que debemos postrarnos con el rostro en tierra para agradecer a Dios por todo lo bueno que ha hecho por nosotros. Muchos de los Salmos fueron escritos durante estos momentos en que el pueblo de Dios se sentía sobrecogido por fuertes sentimientos de acción de gracias; considera precisamente uno —el Salmo 65.

"Silencio habrá delante de ti, alabanza en Sion, oh Dios; y a ti se cumplirá el voto.... Las iniquidades prevalecen contra mí, mas nuestras transgresiones tú las perdonas. Cuán bienaventurado es el que tú escoges, y acercas a ti, para que more en tus atrios. Seremos saciados con el bien de tu casa, tu santo templo.... Tú visitas la tierra y la riegas en abundancia, en gran manera la enriqueces; el río de Dios rebosa de agua, tú les preparas su grano, porque así preparas la tierra" (vv. 1,3-4,9).

REFLEXIONA: ¿Cuándo fue la última vez que te sentiste abrumado por sentimientos como los que Raquel experimentó en su práctica misionera? ¿Por qué crees que Dios ha bendecido abundantemente a esta nación y a los cristianos que habitan en ella? ¿Por cuáles bendiciones te sientes tú más agradecido?

PRACTICA: Faltan todavía unos meses para el día de Acción de Gracias; sin embargo, ello no significa que tengas que esperar para dar gracias a Dios. Haz una lista de todo aquello por lo cual te sientes agradecido. Luego, dedica algunos momentos para decirle al Señor que tú aprecias lo que Él ha hecho por ti.

(¿Sabes qué?) Incluso si no sientes agradecimiento en este preciso momento, seguramente tendrás la oportunidad de experimentar sentimientos de gratitud en tu corazón cuando hayas terminado este ejercicio.

GRABA: Lee todo el Salmo 65.

❖ ❖ ❖ ❖ ❖ TRES **SENTIMIENTOS**

"¡Oh Señor, por favor, guíame!"

Reinaldo está al borde de la locura. Él se graduó de secundaria hace unas pocas semanas, y todavía no tiene indicios de qué va a hacer después. ¿Irá a la universidad cerca de su pueblo natal? ¿Ingresará al ejército con algunos de sus compañeros de secundaria? ¿Se irá a trabajar inmediatamente y comenzará a abrirse paso en su carrera? ¿Lo llamó Dios realmente a un ministerio, a sus quince años, o fue sólo un momento de emoción durante el retiro?

"Oh Señor, ¿qué debo hacer? ¡Estoy tan confundido!", ora Reinaldo.

EXAMINA: La mayoría de nosotros pudiéramos relacionarnos con los sentimientos de confusión de Reinaldo y su pregunta: "Señor, ¿qué quieres que haga?" Quizás esta es la razón para que el Salmo 119 sea el favorito de tantas personas.

"Enséñame, oh Señor, el camino de tus estatutos, y lo guardaré hasta el fin. Dame entendimiento para que guarde tu ley, y la cumpla de todo corazón. Hazme andar por la senda de tus mandamientos, porque en ella me deleito. Inclina mi corazón a tus testimonios y no a la ganancia deshonesta. Aparta mis ojos de mirar la vanidad, y vivifícame en tus caminos" (vv. 33-37).

¿El mensaje? ¡La palabra de Dios puede darnos el verdadero sentido y propósito de nuestra vida!

REFLEXIONA: ¿Te sientes confundido en este momento sobre la dirección que debes darle a tu vida? Según el Salmo 119, ¿dónde puede encontrarse la verdadera guía? ¿Qué aconsejarías a Reinaldo si viniera a ti para que lo orientaras?

PRACTICA: ¿Confundido para tomar una decisión?

1. Ora para pedir sabiduría (Filipenses 4:6-7).
2. Lee y estudia la Palabra de Dios (ver más adelante).
3. Busca el consejo de cristianos maduros (Proverbios 15:22) que te conozcan y te amen.
4. Busca la guía de Dios en tus propias circunstancias (Romanos 8:28).
5. Usa tu sentido común, tus renovadas razones (Romanos 12:2).
6. Sigue el curso de las acciones que traigan paz a tu espíritu (Colosenses 3:15).

GRABA: Antes de irte a dormir esta noche, lee con mucha atención todos los 176 versículos del Salmo 119.

CUATRO

❖ ❖ ❖ ❖

Ora por esta intención:

97

Cuando Dora oyó hablar sobre un retiro del grupo juvenil en el centro de conferencias en las montañas, ella pensó: "¡Perfecto! Es exactamente lo que yo necesito. Una oportunidad para alejarme y encontrarme a mí misma, al mismo tiempo. Ya que mi relación con Dios ha sido prácticamente inexistente las últimas semanas, esta será una gran oportunidad para descansar, reflexionar y renovarme".

Ella se inscribió inmediatamente.

El domingo por la noche, cuando el retiro terminó, Dora se sentía más angustiada de lo que se había sentido antes de comenzar el retiro, el viernes por la tarde.

"¡Señor, me siento tan abatido!"

EXAMINA: Nos sentimos frenéticos, salvajes y locos, inquietos, siempre en movimiento, gente que vive en una cultura turbulenta, acorralada y caótica. ¡No es sorprendente que nos sintamos tan desgastados todo el tiempo! Escucha al salmista:

"Me acuerdo de los días antiguos, en todas tus obras medito, reflexiono en la obra de tus manos. A ti extiendo mis manos; mi alma te anhela como la tierra sedienta. Respóndeme pronto, oh SEÑOR, porque mi espíritu desfallece" (Salmo 143:5-7).

¿Cuándo fue la última vez que dedicaste tiempo para hacer una reflexión como ésta?

REFLEXIONA: Si se supone que los "retiros" son un tiempo de soledad y descanso, ¿por qué la mayoría de los que van a ellos regresan a su casa exhaustos?

¿Qué pasaría si tu iglesia o tu grupo juvenil organizara un retiro sin juegos ni actividades programados, sólo tiempo para leer la Palabra de Dios, para meditación tranquila y dormir?

¿Qué pasaría si hubiera una norma que dijera que nadie puede hablar durante todo el fin de semana —excepto a Dios? ¿Alguien se inscribiría? ¿Lo harías tú?

PRACTICA: ¿Te sientes espiritualmente seco y vacío? Haz tu propio retiro espiritual.

Coge tu Biblia, un cuaderno de notas, un bolígrafo y busca un lugar apacible. Dedica una mañana entera (de 9 a 12) para hablar con Dios, orando, leyendo Su Palabra y cantando alabanzas.

¡Los retiros personales son renovadores y agradables! ¡Encontrarás que tres horas son muy poco!

GRABA: Lee el Salmo 23 hoy. El sábado, revisa el Salmo 103. Después, el domingo, piensa en el mensaje del Salmo 145 .

❖ ❖ ❖ ❖ ❖ CINCO **SENTIMIENTOS**

LAS MÁS GRANDES
CONFUSIONES EN LA BIBLIA

Imagina que estás en la cuadrilla de limpieza general en estas situaciones!

• Con Noé en el arca, llena de animales durante un año (Génesis 7:11 y 8:19). ¡Piensa en las implicaciones de esto!

• Después de la plaga en Egipto. Cuando Moisés finalmente le pidió al Señor que detuviera la plaga, billones y billones de ranas murieron en las casas, en los patios y en los campos. Las juntaron en montones y el país apestaba (Éxodo 8:13-14).

• Después que el rey Salomón trajo el arca de Dios (no la de Noé) a Jerusalén, "Y el rey Salomón y toda la congregación de Israel que estaba reunida ante él, estaban con él delante del arca, sacrificando tanta ovejas y bueyes que no se podían contar ni numerar" (1 Reyes 8:5). Imagina toda la sangre y todos los cadáveres de los animales.)

• Después que Sansón "derrumbó la casa" (realmente un templo pagano) encima de él y 3.000 filisteos (Jueces 16:23-30).

• La mañana después que el ángel del Señor dio muerte a 185.000 asirios que habían acampado alrededor de Judá e intentaron tomar Jerusalén (2 Reyes 19:35-36).

• Después de la predicación del evangelio por parte de Pablo se iniciaron tumultos en Tesalónica, Éfeso y Jerusalén (Hechos 17 - 21).

• Durante la Tribulación cuando una tercera parte de la tierra se quemará y una tercera parte de las criaturas del mar perecerán (Apocalipsis 8:7-9).

LOS CAMINOS MISTERIOSOS
DEL SEÑOR

Quizás has oído la famosa anotación: "El Señor se mueve en caminos misteriosos" ¿Un enunciado bíblico correcto? Bien, sí y no. Tú no encontrarás este versículo en la Biblia. Pero la idea que hay detrás de este sentimiento se deja entrever en cada página...

Desde el Génesis hasta el Apocalipsis, nosotros leemos sobre un creador que rara vez hace lo que esperamos, un Dios, que en efecto a menudo hace las cosas que nosotros menos imaginamos.

Él se pone nuestra piel y se hace un ser humano.

Entra a nuestro mundo sin fanfarronería, sin televisión, sin ruedas de prensa, sin exhibirse con las celebridades de la sociedad en algunos hoteles refulgentes de Nueva York. En cambio, cuando lo vemos por primera vez, lo encontramos como un niño indefenso en unas humildes pajas en un pesebre, en Belén, Israel.

Treinta años más tarde, critica a los líderes religiosos y escoge la opción por los fracasados de la sociedad. Elige como compañeros, no un puñado de bien cuidados cristianos sino 12 individuos rudos y porfiados.

Luego, enseña ideas extravagantes como:

•"Si quieres ser el primero, debes servir a los demás".

•"Si quieres vivir realmente, primero tienes que morir".

•"Si crees en mí y me sigues, sufrirás.

Él demuestra su poder divino, resucitando un muerto y calmando la tempestad en el mar. Entonces, regresa a los alrededores y permite que un pequeño grupo de soldados lo arreste, lo golpee y lo mate.

Lo demás ya lo sabes: Él está vivo, otra vez. Y justamente cuando parece que ha vencido a los malos, se va al cielo. Y henos aquí, esperando su regreso.

Decir que "El Señor se mueve por caminos misteriosos" significa que: Tan pronto como tratamos de poner a Dios en una caja, él resquebraja todas nuestras categorías. Es impredecible, sin embargo, siempre fiel; incontrolable pero nunca fuera de control y sorprendente pero nunca contradictorio.

¿Qué hará Dios ahora en el mundo o en tu vida? No se puede decir. Tal vez por esta razón, el apóstol Pablo, escribió: *"A aquel que es poderoso para hacer todo mucho más abundantemente de lo que pedimos o entendemos.... ¡A Él sea la gloria!" (Efesios 3:20-21).*

● ● ● HONESTIDAD ● ● ● ●

Qué tal si pudiéramos mostrarte cómo:
- tener una mejor reputación
- tener mejores relaciones en casa y con los amigos
- disfrutar de paz mental
- agradar a Dios, y
- disfrutar las bendiciones de Dios ahora y siempre

¿Estarías interesado? (He aquí una sugerencia: El secreto está escrito en letras grandes y destacadas, al comienzo de esta página).

"No mintáis los unos a los otros".
(Colosenses 3:9 RV)

¡Farsa, fraude, y falsedad!

Mentiras, mentiras y más mentiras!

Ana dice a su mamá: "¡Pero, lo hice! llegué a las 11.00, seguro que sí!" (Eran realmente las 11:20).

Arturo urge a Nelson: "Vamos, dime el gran secreto, te prometo que de mi boca no saldrá una palabra". (Curioso que al día siguiente, seis personas más conocían la noticia de Nelson).

Marcelo: "Papá, ¿puedo usar tu carro para ir a la biblioteca esta noche? (Cuando tú oyes esto, la casa de los Díaz aparece como una especie de biblioteca. Quiero decir, un edificio con unos cuantos libros).

EXAMINA: Sobre el demonio, Jesús dijo: "Él fue un homicida desde el principio, y no se ha mantenido en la verdad porque no hay verdad en él. Cuando habla mentira, habla de su propia naturaleza, porque es mentiroso y el padre de la mentira" (Juan 8:44).

Desde que el maestro del engaño es el dios de este mundo (2 Corintios 4:4), no es nada sorprendente que vivamos en una sociedad que está edificada sobre los subterfugios de Satanás y llena de engaños diabólicos. Sin exageración, el salmista gritó: "Todo hombre es mentiroso" (Salmo 116:11).

Sin exagerar, el profeta Jeremías anunció: "Cada uno engaña a su prójimo, y no habla la verdad, han enseñado a sus lenguas a hablar mentiras; se afanan por cometer iniquidad" (Jeremías 9:5).

REFLEXIONA: ¿Has mentido los dos últimos días? ¿Por qué? ¿Sería tan grave decir la verdad que sentiste la necesidad de mentir? ¿Qué te hace mentir? Si no has dicho una mentira, ¿has hecho recientemente algo fraudulento?

¿Cómo te sientes cuando te cogen en una mentira?

¿Te han mentido (recientemente)? ¿Cómo te sentiste cuando descubriste que habías sido engañado?

PRACTICA: La deshonestidad solamente favorece la causa de Satanás. Y la gente que miente, lo que hace realmente es rechazar a Dios (ya que Él es la fuente de toda verdad). Di no a ese estilo de vida. Ora con este versículo de la Biblia: "Aleja de mí la mentira y las palabras engañosas" (Proverbios 30:8).

Piensa en las situaciones citadas al comienzo de esta página. ¿Como reaccionarías en cada una de ellas? ¿Cómo deberías reaccionar?

GRABA: ¡Satanás puede ser un mentiroso, pero Dios es ciento por ciento honesto! Lee el Salmo 31:5 y Tito 1:2.

● ● ● ● ● ● UNO **HONESTIDAD**

¡La deshonestidad es desastrosa!

En el centro comercial, con algunos amigos, Carlos decide comerse una porción de pizza. El problema es que él no tiene dinero. "Oye, Esteban, ¿puedes prestarme un par de dólares?"

"Siempre estoy prestándote dinero, y nunca me lo devuelves".

"¡Vamos, hombre. Tengo mucha hambre! Te lo devolveré mañana cuando reciba mi mesada".

"Eso es lo que siempre dices".

"¿Quieres una carta de mi abogado? ¡Te digo que te lo pagaré!"

"Sí, está bien", dice Esteban enfadado mientras saca su billetera.

Y te puedes imaginar el resto de esta historia.

EXAMINA: ¿Qué es lo malo de la mentira?

• "Los labios mentirosos son abominación al Señor, pero los que obran fielmente son su deleite" (Proverbios 12:22).

• "El testigo falso no quedará sin castigo, y el que cuenta mentiras perecerá" (Proverbios 19:9).

• "Conseguir tesoros con lengua mentirosa es un vapor fugaz, es buscar la muerte" (Proverbios 21:6).

REFLEXIONA: Tarde o temprano el mentiroso siempre caerá. Como en la ocasión, en que cuatro jóvenes que llegaron tarde a la clase le dijeron a la profesora: "UHM... sentimos llegar tarde... tarde... se nos desinfló la llanta". Después de clases la profesora retuvo a los que llegaron tarde y les dijo: "Ya que faltaron al examen, necesito que lo hagan. Tomen una hoja de papel y contesten esta pregunta: ¿Cuál rueda del carro se desinfló?"

¡Tanta mentira! ¿Son honestos tus amigos? ¿Te consideran una persona que dice la verdad?

PRACTICA: ¿Qué podemos hacer para no caer en las mentiras? ¡Mucho!

• Confiesa al amigo que recientemente engañaste.

• Admite cualquier observación engañosa hecha a tus padres.

• Mantén la rectitud con tus superiores.

• Di a tu hermano o hermana lo que sucedió realmente.

• Cumple la promesa o palabra empeñada que hiciste al comienzo de la semana.

• Reconoce aquellas cosas que hiciste y que afirmaste que no las hiciste.

¿Y si otros no se han enterado de que han sido engañados? Admite tu mentira y de alguna manera pide disculpas. Es mejor pasar por una situación un poco vergonzosa ahora, que ser sorprendido en una mentira más tarde. Además, con ello ganarás mucho respeto.

GRABA: Lee Proverbios 6:16-19.

Ora por esta intención:

❀ ❀ ❀ ❀ **DOS**

Ricardo es deshonesto. No en el sentido de que diga muchas falsedades, sino en el sentido de que actúa de modo diferente con diferentes personas.

Con sus amigos del vecindario maldice como un marinero y bebe como un pez.

Con sus amigos de la iglesia de Jesús actúa como un cristiano modelo. Con sus padres, Ricardo es rudo y ofensivo. Con la mamá de su novia es muy cortés y considerado.

Ricardo es un camaleón. Su vida es una mentira.

¿Es tu vida una gran mentira?

EXAMINA: Un estilo de vida hipócrita produce inseguridad: "El que anda en integridad anda seguro; mas el que pervierte sus caminos será descubierto" (Proverbios 10:9).

Pero más que el mismo miedo de ser descubierto, vivir en la mentira termina en un desastre: "El que anda en integridad será salvo; mas el que es de camino torcido caerá de repente" (Proverbios 28:18).

REFLEXIONA: ¿Estás viviendo en la mentira? He aquí cómo tratarla. Considera las reacciones (tanto tuyas como de las personas o grupos que se describen) en cada uno de los siguientes casos:

• Si tus padres te encontraran un casete sobre tu última e íntima conversación con tu mejor amiga;

• Si tu pastor viera el video sobre tu última cita;

• Si tus amigos cristianos vieran cómo actuaste con tus amigos no cristianos;

• Si Jesús apareciera en una de tus fiestas;

• Si tu futuro patrón o jefe, conociera todo sobre tu desempeño laboral actual.

PRACTICA: No te dejes llevar por la muchedumbre. Mantente firme en la verdad, ¡todo el tiempo y dondequiera que vayas! Esto es integridad; ser completo y total. Significa ser lo que eres dondequiera que estés. Actuar de una forma aquí y de otra allá muestra hipocresía, y no integridad.

Revisa tu vida en cuanto a hábitos deshonestos, tales como robar, decir "pequeñas mentiras piadosas", exageraciones, empañar la verdad, ser de dos caras, cometer fraudes, engaño, hacerte el gracioso, aparentar que todo está bien cuando no lo está, fanfarronear o no practicar, de alguna manera, lo que predicas.

Cuando encuentres algo inconsecuente, con la ayuda de Dios, ¡haz lo posible para desarraigarlo de tu vida!

GRABA: Ver Proverbios 14:11 y Proverbios 28:6.

TRES **HONESTIDAD**

¡La honestidad realmente es la mejor política!

Cuando Beatriz se dirige a la sala de estar de la familia, su hermano Pablo comienza a reírse y dice: "¡Qué lindo atuendo... pareces un payaso".

"¿Quién te preguntó?"

"Nadie, pero pensé que te gustaría saber. ¡No vas a salir así, verdad!"

"¡Cállate, tonto!", Beatriz gritó, lanzándole una almohada. El "proyectil" no alcanzó a Pablo y tumbó la lámpara de cristal al suelo.

La señora Rodríguez corrió a preguntar: "¿Quién rompió mi lámpara favorita?"

EXAMINA: ¿Por qué es la honestidad tan buena idea?

• Agrada a Dios. "La balanza falsa es abominación al Señor, pero el peso cabal es su deleite" (Proverbios 11:1).

• En la transgresión de sus labios se enreda el malvado, pero el justo escapará del apuro" (Proverbios 12:13).

• El sabio aprecia escuchar la verdad: "El que reprende al hombre, hallará después más favor que el que lo lisonjea con la lengua" (Proverbios 28:23).

REFLEXIONA: ¿Debemos decir todas y cada una de las cosas que pensamos? ¿Es esto lo que significa ser honesto? ("¡Tu aliento huele a alcantarilla!" "Te ves horrible", "¿Alguien te golpeó con un gato mojado o algo por el estilo?")

No. La honestidad debe estar siempre equilibrada por la sensibilidad y el amor.

Nunca es correcto criticar sin tacto a alguien. Debemos escoger cuidadosamente nuestras palabras y orar para alcanzar la sabiduría antes de confrontar a otros.

¿Como reaccionarías si tú estuvieras en los zapatos de Beatriz o de Pablo? ¿Cómo responderías?

PRACTICA: Conviértete en una persona digna de confianza y veraz.

Establece una buena reputación de honestidad. ¿Cómo?

1. No prometas lo que no puedas cumplir. (Si haces un compromiso, ¡cúmplelo!)

2. No digas cosas que no quieras decir. (Da el significado exacto a lo que dices y di exactamente lo que quieras decir.)

3. Da crédito a las cosas que lo merezcan. (¡No le robes el mérito a los demás¡)

4. Carga con tu culpa cuando cometas una falta. (¡No señales a otros y no busques disculpas!)

GRABA: Nota la respuesta que los que tienen autoridad dan a las personas honestas (Proverbios 16:13).

Ora por esta intención:

CUATRO

❁ ❁ ❁ ❁ ❁

105

¿Cómo ser un cristiano "honesto" con Dios?

David tuvo una semana muy mala.

En una fiesta en la piscina, hace tres noches, algunos "amigos" le bajaron la parte de atrás de su traje de baño, precisamente delante de un grupo de jovencitas.

Entonces anoche un grupo fue a un parque de diversiones cercano y nadie lo llamó para invitarlo.

David se siente rechazado, relegado, solo y herido. Sentado en su habitación, comienza a orar en voz alta.

EXAMINA: Considera atentamente la forma en que ciertos personajes de la Biblia hablaron con Dios en tiempos difíciles.

• El general Josué después de una dolorosa derrota militar "¡Ah, Señor Dios! ¿Por qué hiciste pasar a este pueblo el Jordán, para entregarnos después en manos de los amorreos y destruirnos (Josué 7:7). En otras palabras, "¡Tú nos has engañado! ¿Dónde estás?"

• Job, cuando su vida entera se iba desmoronando: "Sólo dos cosas no hagas conmigo, y no me esconderé de tu rostro: retira de mí tu mano, y tu terror no me espante" (Job 13:20-21). En otras palabras, "¡Señor, por favor. No puedo más!"

• El rey David, cuando algunos estuvieron conspirando contra él: "Escucha mi voz, oh Dios, en mi queja; guarda mi vida del terror del enemigo" (Salmo 64:1).

El mensaje de estos versículos es muy claro: Es bueno hablar abierta y francamente con el Señor.

REFLEXIONA: ¿Eres honesto con Dios? Le cuentas lo que está realmente en tu cabeza o solamente lo que crees que Él quiere oír? ¿Por qué?

PRACTICA: Deja que uno o más de las siguientes frases se metan en ti para que hables de corazón a corazón con Dios.

1. "Señor, me siento triste porque..."
2. "A causa de _____ , Señor, me siento realmente lleno de ira y ... "
3. "Padre, no entiendo por qué..."
4. Dios, si solamente yo pudiera_____ , entonces yo..."
5. "Señor, mi preocupación más grande en este momento es que ..."
6. "Lo que me causa duda es _____".

GRABA: Lee la honesta y franca oración de Moisés en Números 11:10-15. El sábado reflexiona en la tosca franqueza de Jeremías —Jeremías 12:1-4 y 20:1-18. El domingo, considera atentamente lo que Proverbios 19:5 dice sobre la deshonestidad.

● ● ● ● ● ● CINCO **HONESTIDAD**

RELACIONES SEXUALES

Jugando al borde del abismo

En una reciente encuesta escrita, hicimos la siguiente pregunta: "¿Que temas te gustaría más que planteáramos en este libro?" Un número impresionante de lectores garrapateaba las palabras más populares de todos los tiempos: RELACIONES SEXUALES.

Así que aquí encontrarás cinco páginas diseñadas para contestar todas tus preguntas, combatir las mentiras que te han alimentado y ahorrarte las amarguras que tantos adolescentes están experimentando debido a este asunto.

Créelo o no, la Biblia tiene mucho que decir sobre las relaciones sexuales. Parece que este problema es precisamente tan importante para Dios como para ti.

"Que no haya algún fornicario".
(Hebreos 12:16 RV.)

* * * * * * * * * * * * * * * * * * * *

Revelaciones para la revolución (sexual)

EXAMINA: La así denominada revolución sexual no es totalmente novedosa. "Alternativas de estilos de vida" han aparecido por todas partes durante mucho tiempo; observa lo que Dios dijo a la nación de Israel: "No haréis como hacen en la tierra de Egipto en la cual morasteis, ni haréis como hacen en la tierra de Canaán adonde yo os llevo; no andaréis en sus estatutos.... Ninguno de vosotros se acercará a una parienta próxima suya para descubrir su desnudez; yo soy el SEÑOR.... No te acostarás con la mujer de tu prójimo, contaminándote con ella.... No te acostarás con varón como los que se acuestan con mujer; es una abominación. No te ayuntarás con ningún animal, contaminándote con él, ni mujer alguna se pondrá delante de un animal para ayuntarse con él; es una perversión. No os contaminéis con ninguna de estas cosas, porque por todas estas cosas se han contaminado las naciones que voy a echar de delante de vosotros (Levítico 18:3; 6,20, 22-24).

REFLEXIONA: En pocos párrafos, Dios condena el incesto, el adulterio, la homosexualidad y el bestialismo (el acto sexual con animales). Tales prácticas desagradan a Dios.

¿En qué medida nuestra sociedad "liberada" trata de mostrar uno o todos estos comportamientos como aceptables?

¿El hecho de que una norma sea antigua, automáticamente significa que ya no es apropiada?

PRACTICA: Comienza la semana con esta oración: "Padre, la sociedad en que vivo se encuentra obsesionada con la sexualidad. Dame sabiduría esta semana. Recuérdame lo que es bueno y lo que es malo. Concédeme la gracia de llevar una vida pura en medio de un mundo impuro. Yo quiero que mis amigos (y todo el mundo) vean que el acto sexual es bueno cuando se reserva para el matrimonio. Te lo pido en el nombre de Jesús. Amén".

GRABA: Lee la información precisa sobre la prostitución en Levítico 19:29 y Deuteronomio 23:17-18.

Elsa está leyendo un artículo de la revista *La mujer en el mundo*, titulado "De qué manera una aventura puede salvar tu matrimonio".

De pronto, se da cuenta de que es hora de su programa favorito de T.V. cuando lo sintoniza, descubre el tema del día: Padres bisexuales.

Al principio, ella piensa: "Uy!" Después, razona "Tal vez, mis puntos de vista sobre las relaciones sexuales son demasiado cerrados. Después de todo ya estamos a punto de llegar al año 2.000".

✳ ✳ ✳ ✳ ✳ UNO **RELACIONES SEXUALES**

¿Por qué es sabio esperar?

Después de su luna de miel con Esteban, Paula de 23 años, está hablando con una de las jóvenes de su grupo de estudio bíblico.

"¿Fue difícil esperar? Créelo. Las tentaciones fueron increíbles y hubiera sido tan fácil racionalizar. Bueno, ya vamos a casarnos en unos pocos días. Pero porque supimos controlarnos, no tuvimos ninguna razón para sentirnos culpables ni extraños en nuestra noche de bodas".

"Sí, el mundo puede burlarse de la virginidad, pero sé de mucha gente que hubiera deseado esperar. Yo no conozco a nadie que hubiera preferido no haber esperado".

EXAMINA: Después de citar los peligros del acto sexual fuera del matrimonio, el autor del libro de los Proverbios expone sobre las bendiciones de la relación sexual dentro del matrimonio. "Bebe agua de tu cisterna, y agua fresca de tu pozo... Sea bendita tu fuente, y regocíjate con la mujer de tu juventud, amante cierva y graciosa gacela; ... su amor te embriague para siempre. ¿Por qué has de embriagarte, hijo mío, con una extraña, y abrazar el seno de una desconocida? Pues los caminos del hombre están delante de los ojos del SEÑOR y Él observa todos sus senderos". (Proverbios 5:15; 18-21).

En pocas palabras, esperar hasta el matrimonio para la relación sexual, trae la satisfacción física y emocional a largo plazo que todos deseamos... además del beneficio espiritual de una vida agradable a Dios.

REFLEXIONA: Primero, considera el siguiente poema que una mujer, con el corazón roto, envió en una ocasión a la columnista de un periódico:

"Lo conocí; me gustó, me encantó; lo amé.

Lo amé; le permití. Le permití; lo perdí".

Segundo, reflexiona en este enunciado: "Hay solamente una primera vez. Una vez que tú pierdes tu virginidad, nunca más, la podrás recobrar".

PRACTICA: Lee algunos de estos excelentes libros sobre la relación sexual:

- *¿Por qué esperar?*, de Josh Mc Dowell & Dick Day
- *El precio de esperar,* de Tim Stafford
- *Controlando tus hormonas,* de Jim Burns

Tal vez tú puedas integrar un grupo de amigos y conformar un grupo de estudio.

GRABA: Lee Proverbios 5:1-14.

Ora por esta intención:

DOS

✳ ✳ ✳ ✳

David está viendo su programa de televisión favorito. El argumento de la semana es como siempre —el personaje principal descifra otro caso difícil y se las arregla para ganar puntos junto con otra bella mujer. "¡Qué don Juan!", piensa David para sí.

Mientras tanto su hermana Anita está abajo leyendo una novela romántica y fantaseando: "¿Por qué no puedo quedarme atrapada en una isla desierta con alguien como Pedro?"

¿Placer ahora, y ... penas después?

EXAMINA: La Biblia previene de los peligros de las relaciones sexuales casuales: "No codicies su hermosura en tu corazón, ni dejes que te cautive con sus párpados. Porque por causa de una ramera uno es reducido a un pedazo de pan, pero la adúltera anda a la caza de la vida preciosa. ¿Puede un hombre poner fuego en su seno sin que arda su ropa? ¿O puede caminar un hombre sobre carbones encendidos sin que se quemen sus pies? Así es el se llega a la mujer de su prójimo; cualquiera que la toque no quedará sin castigo. El que comete adulterio no tiene entendimiento; destruye su alma el que lo hace. Heridas y vergüenza hallará, y su afrenta no se borrará (Proverbio 6:25-29; 32-33).

REFLEXIONA: ¿Da satisfacción el acto sexual? Seguro, fue así como lo hizo Dios. Pero las consecuencias negativas a largo plazo pesan más que la corta sensación del placer físico. Las relaciones sexuales prematrimoniales:

1. Pueden crear adicción
2. Pueden exponerte a ETS (enfermedades de transmisión sexual) incluido el SIDA.
3. Pueden incrementar en la mujer el riesgo de cáncer cervical.
4. Pueden causar el embarazo.
5. Pueden llevar a perder la confianza en el matrimonio.
6. A menudo disminuye la autoestima.
7. Crea generalmente sentimientos de culpabilidad muy fuertes.
8. Siempre rompe la relación de uno con Dios.

Basado en esta lista abreviada, ¿piensas que la relación sexual fuera del matrimonio es realmente "segura"?

PRACTICA: Sé radical. Declara que tú no participas en las relaciones sexuales prematrimoniales. Si amigos o maestros discuten el tema, haz conocer tus puntos de vista. Memoriza la lista mencionada y serás capaz de apoyar tus apreciaciones con hechos. Recuerda: Mientras más te oiga la gente hablar de abstinencia, les parecerá menos extraño.

GRABA: Lee Proverbios 7.

∗ ∗ ∗ ∗ TRES **RELACIONES SEXUALES**

Por sus altos principios morales, Patricia Pérez es conocida como "Patricia no lo haré". ¿La hiere la broma?

"Mira, ellos podrán reírse, pero he visto lo que pasa en sus vidas cuando dejan que sus pasiones se salgan de control. En nuestra clase, este año, precisamente ha habido tres abortos... sin mencionar el motón de corazones destrozados. Y todo a causa del acto sexual. Yo justamente estoy guardando mi corazón y tratando de controlar mis deseos. ¿Qué hay de malo en ello?

¡Aprende a controlar tus deseos!

EXAMINA: ¡Nada, en efecto! Dios nos dice que hagamos lo siguiente: "Porque esta es la voluntad de Dios: vuestra santificación; es decir, que os abstengáis de inmoralidad sexual; que cada de uno de vosotros sepa cómo poseer su propio vaso en santificación y honor, no en pasión de concupiscencia, como los gentiles que no conocen a Dios.... Porque Dios no nos ha llamado a impureza, sino a santificación" (1 Tesalonicenses 4:3-5; 7).

Asimismo, si estás buscando un modelo, considera el ejemplo de José en Génesis 39.

REFLEXIONA: Todo el mundo quiere saber qué significa "ir demasiado lejos". Algunos hacen esta pregunta con un genuino deseo de conocer los límites de Dios. Pero algunos preguntan con un sentido egoísta. Ellos preguntan realmente: "¿Hasta dónde es el máximo que puedo llegar?" ¿Cuáles son tus motivos? Si estás yendo "demasiado lejos" puede medirse con preguntas como:

• ¿He llegado hasta el punto de la tentación?

• ¿Me avergonzaría de que los amigos de Dios fueran testigos de esto?

• ¿Requiere esto un lugar oscuro y apartado?

• ¿Esta situación me hará sentir a mí o a otros culpables?

PRACTICA: Quizás mientras lees esto, sientas remordimiento de conciencia porque ya has ido demasiado lejos sexualmente. Si este es tu caso, reflexiona en la maravillosa voluntad de Dios para perdonar. Lee Salmo 51 y 103. Medita en 1 Juan 1:9.

Luego, ora: "Dios, yo estoy arrepentido de mi pecado. Quiero conocer tu perdón y tu limpieza. Gracias por amarme. Dame la fortaleza para no volver a mis errores pasados. Permíteme comenzar de nuevo".

GRABA: Nota la respuesta amorosa de Jesús a la mujer sorprendida en adulterio (Juan 8:1-11).

✳ ✳ ✳ ✳

CUATRO

┌─ **Ora por esta intención:** ─────────────

Juan y Ángela acaban de terminar sus relaciones. Después de un año juntos, su ruptura ha sido triste, pero no tan difícil como hubiera sido si ellos, estudiantes de la Escuela Intermedia Central, hubieran estado sexualmente involucrados.

Mira, fue un compromiso que ellos hicieron desde el comienzo —¡nada de líos amorosos!

Y debido a que ellos lucharon para mantener unas relaciones puras, ahora son capaces de ser nuevamente amigos.

Pureza en un mundo contaminado

EXAMINA: ¿Cómo ser puro en un mundo contaminado?

1. Llena tu mente de pensamientos puros, (Filipenses 4:8) y no de la basura de los medios.

2. Busca personas puras que te animen a hablar con Dios (1 Corintios 5:11; 15:33).

3. Rechaza la filosofía que dice, "Vive el momento". Recuerda que el placer de hoy a menudo se convierte en la pena de mañana: "No os dejéis engañar, de Dios nadie se burla; pues todo lo que el hombre siembre, eso también segará" (Gálatas 6:7).

REFLEXIONA: Encierra en un círculo lo que te anima a la pureza sexual. Tacha aquellas actividades que pueden ser peligrosas:

Estar solos
Orar juntos
Vestirse provocativamente
Ver videos eróticos
Establecer normas
Ser confiable para alguien

PRACTICA: Ingéniate una buena respuesta para cada uno de los siguientes enunciados (te damos una insinuación en cada caso).

• "Los verdaderos hombres son sexualmente activos". (Así es mi perro.)

• Pero, yo quería". (Sí... y la gente en el infierno también quiere agua helada.)

• "No quedarás embarazada". (Es correcto porque tú nos vas a tocarme.)

• Pero tú tienes una deuda conmigo". (Está bien, te daré una cadena u otra cosa.)

GRABA: Lee Levítico 20:10-21. El sábado, memoriza Colosenses 3:5-6. El domingo, compara los frutos del Espíritu Santo (Gálatas 5:22-23 con la versión de relaciones sexuales "cuando yo quiera" de una sociedad centrada en sí misma.

✳ ✳ ✳ ✳ ✳ **CINCO RELACIONES SEXUALES**

✳ ✳ DIEZ DIFERENCIAS ✳ ✳ ✳
ENTRE EL CRISTIANISMO Y
LA RELIGIÓN DE LA NUEVA ERA

TEMA:	VISIÓN BÍBLICA:	VISIÓN DE LA NUEVA ERA:
1. Acerca de Dios	La persona del Creador santo y diferente de su creación	La fuerza impersonal que es tanto buena como mala e impregna todo
2. Acerca del universo	Compuesto de objetos independientes y personas; una amplia diversidad.	Todo es uno; unidad cósmica
3. Acerca de la ubicación de la verdad	Revelada por Dios en la Biblia.	Se encuentra dentro de cada persona
4. Acerca de lo bueno y lo malo	Basados en los postulados absolutos de la Biblia	Basados en los sentimientos relativos, personales y subjetivos
5. Acerca del hombre	Una criatura de Dios, imagen de Dios a pesar de su rebeldía.	Un dios
6. Acerca de los problemas de la humanidad	La rebelión del pecado contra la santidad de Dios	Ignorancia del potencial verdadero
7. Acerca de la solución a los problemas de la humanidad	Debemos arrepentirnos del pecado y confiar en el Señor Jesucristo para salvarnos.	Debemos descubrir nuestra verdadera identidad de seres divinos y sin límite
8. Acerca de Jesucristo	El único Dios-hombre; Señor y Salvador del mundo	Un gran maestro o gurú
9. Acerca de la religión	Sólo una, la de Dios; las demás enseñan error	Las varias religiones representan muchos caminos hacia Dios
10. Acerca de la muerte	Conduce o al cielo o al infierno (resurrección)	Conduce a una vida posterior (reencarnación)

ENCONTRAR EL AMOR DE TODA LA VIDA

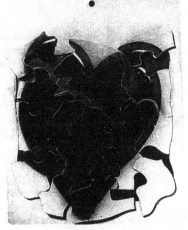

¿Cómo te sentirías si alguien conociera todo sobre ti —incluso tus más profundos y recónditos secretos?

Si tú eres como la mayoría de la gente, a ti no te gustaría que alguien conociera demasiado de ti. El temor es que si alguien realmente te conoce —incluyendo todas tus faltas, momentos embarazosos y tus pecados ocultos— ellos podrían decidir que tú no eres la persona muy agradable con quien vale la pena pasar el tiempo.

¿Sabes qué? Hay alguien que te conoce. En efecto. Él sabe todo acerca de ti —lo bueno, lo malo y lo feo—. Todos tus pensamientos, sueños, anhelos profundos, tus más grandes realizaciones tus grandes fracasos.

Es algo espantoso, ¿Verdad? pero...

¿Cómo te sentirías si esa única persona que te conoce completamente —por dentro y por fuera— te amara más de lo que jamás pudieras imaginarte, y sin ataduras?

Es verdad. Dios es el Único que nos conoce y su respuesta es *amor*. Tal vez cuando tú oyes "Dios te ama", te preguntas sorprendido: "¿Por qué? ¿Por qué a mí?"

Dios te ama no por lo que eres o por lo que has hecho. Él te ama simplemente por ser *quien es*. Porque Él es así. Es su forma de ser. Es el más puro, el más poderoso, la forma más perfecta de amor que existe.

Cómo puede afectar tu vida tener una relación con el Dios que te conoce y te ama?

Cuando Dios te creó, su propósito fue que pudieras recibir su amor. Así de simple. Dios te ofrece su amor. Él quiere que tú veas tu necesidad de él y que tú lo recibas. Cuando aceptamos su amor, experimentamos seguridad. Ya no tenemos por qué temer lo que otros puedan pensar. Ya no tenemos que sorprendernos si encontramos su aceptación.

¿Por qué? Porque el único que nos conoce verdaderamente es el que más nos ama. Su amor perfecto aleja el temor y lo reemplaza con libertad.

"Pero Dios demuestra su amor para con nosotros, en que siendo aún pecadores, Cristo murió por nosotros (Romanos 5:8).

SOLEDAD
Salir del encierro solitario

El evangelista Billy Graham dice que la soledad es el problema más grande que enfrenta la humanidad hoy.

¿Estás de acuerdo?

¿La has sentido alguna vez —una ansiedad asfixiante que te hace pensar que tú no importas?

Tal vez tú la estás sintiendo en este preciso momento.

"Vuélvete a mí, y tenme piedad, porque estoy solitario y afligido" .
(Salmo 25:16)

Ricardo está casi listo para comenzar su último año en el colegio Murphy. Es el novato en el equipo de fútbol. Tiene un grupo de amigos —incluso novia.

Por encima de todo es cristiano. Pero créalo o no, Ricardo algunas veces se siente solo:

"No sé, es difícil de explicar. Es decir, yo puedo encontrar gente para pasar el rato con ellas, pero nadie tiene tiempo para escuchar lo que pienso. Nadie realmente me entiende. Imagino que podrías decir que yo no me siento muy importante".

Mira a toda la gente solitaria

REFLEXIONA: La soledad es algo que toda la gente siente en algún momento y que algunas personas experimentan todo el tiempo. Incluso algunos personajes prominentes de la Biblia lucharon con este horrible dilema de sentirse marginados y aislados.

• El rey David: "A causa de todos mis adversarios, he llegado a ser objeto de oprobio, especialmente para mis vecinos y causa de espanto para mis conocidos; los que me ven en la calle huyen de mí. Como un muerto soy olvidado, sin ser recordado, soy semejante a un vaso roto" (Salmo 31:11-12).

• Job (Job 19:13-14)

• El apóstol Pablo: "En mi primera defensa nadie estuvo a mi lado, sino que todos me abandonaron; que no se les tenga en cuenta" (2 Timoteo 4:16).

REFLEXIONA: Corrijamos un concepto equivocado que es muy común: no es únicamente la gente sin hogar o los parias de la sociedad, los que sienten el aguijón de la soledad. Albert Einstein según se informa, una vez le dijo a un amigo: "Es extraño ser conocido mundialmente y al mismo tiempo sentirse uno tan solo".

Y cuando la famosa estrella de cine Jean Crawford murió, fue descrita por un periódico como "solitaria, amargada y aislada".

PRACTICA: ¿Qué estamos diciendo con todo esto? Muy sencillo: vivimos en un mundo lleno de gente solitaria (tú mismo puedes ser uno de ellos).

¿Cuál es la mejor forma de iniciar esta importante discusión? ¿Cómo te parece esta oración?

"Padre del cielo, te necesito en este momento. Dame discernimiento cuando lea tu Palabra esta semana. Llena mi soledad con tu vida. Luego utilízame para ofrecer ayuda a otras personas que enfrentan una vida de 'solitario encierro'".

GRABA: Lee y piensa sobre las implicaciones del Génesis 2:18.

UNO **SOLEDAD** ✱ ✱ ✱ ✱ ✱ ✱ ✱

Sara acaba de mudarse con su familia a una nueva comunidad. Ella no quería dejar su pueblo natal un mes antes de su tan esperado primer año en la Escuela Secundaria Clark, pero, ¿alguien se tomó el trabajo de consultarle? ¡Claro que no!

Así que el primer día de clases, Sara no conoce a nadie. Se siente rechazada, olvidada, insignificante, aislada, apartada, fea, no amada, incomprendida y abandonada.

En una palabra, Sara está experimentando soledad.

Solitario...
pero nunca solo

REFLEXIONA: Sara se siente sola. ¿Pero lo está? No, según la Biblia. La palabra de Dios nos dice que nunca estamos solos. Podemos tener sentimientos de soledad, pero el hecho es que nosotros siempre tenemos un amigo en el Señor.

• "¿Puede una mujer olvidar a su niño de pecho, sin compadecerse del hijo de sus entrañas? Aunque ellas se olvidaran, yo no te olvidaré. He aquí, en las palmas *de mis manos,* te he grabado; tus muros están constantemente delante de mí (Isaías 49:15-16)

• No os dejaré huérfanos; vendré a vosotros (Juan 14:18).

• Nunca de dejaré ni te desampararé (Hebreos 13:5).

Aun cuando alguien te deje o nadie te conozca, Dios está ahí siempre dispuesto a consolarte. ¡Esa es una buena noticia!

REFLEXIONA: ¿Has estado alguna vez en una situación similar a la que Sara está enfrentando? ¿Cómo te sentiste en esa ocasión? ¿Cómo la manejaste? ¿Funcionó tu plan? ¿Se han mudado algunas familias nuevas en tu vecindario? ¿Alguien de tu edad? ¿Qué podrías hacer para que esa nueva persona se sienta más acogida?

PRACTICA: ¿Te sientes solo en este momento? ¡No te sientes ahí a organizar una fiesta de lástima! ¡Haz algo! Da una caminata de 15 minutos —tú y Jesús—. Dile todo lo que tienes en tu corazón y en tu mente. Sí, Él ya lo sabe, pero diciéndoselo de algún modo hace que las cosas sean mejores.

Luego, suavemente entona tu viejo himno o tu cántico de alabanza y piensa en sus palabras. (Advertencia: Si caminas y cantas al mismo tiempo, necesitas estar en forma. De otra manera sonarías como una vieja gaita.)

GRABA: Piensa en la última frase de Mateo 28:20.

Ora por esta intención:

✴ ✴ ✴ ✴ ✴ **DOS**

117

La semana pasada Fernando estuvo en un concurrido restaurante con un grupo de amigos. De repente alguien dijo: "¡Patinemos!" Uno por uno —con el pretexto de ir al baño— los muchachos fueron deslizándose hacia fuera sin pagar su cuenta.

Pronto, sólo Gabriel y Fernando se quedaron. "¡Vamos, tonto!", Gabriel lo urgió:

"Vámonos, antes de que se den cuenta".

"Ni modo. Yo voy a pagar mi comida. Ustedes, muchachos, están equivocados".

Bien, Gabriel se esfumó; el gerente apareció, llegó la policía, y ahora Fernando está siendo víctima de la agresividad de sus llamados amigos.

La soledad de la obediencia

EXAMINA: Vivir para Dios y ser obediente a su voluntad a menudo termina en soledad. Considera:

• La carrera de Jeremías el profeta: "Cuando Jeremías terminó de decir todo lo que el SEÑOR le había mandado que hablara a todo el pueblo, lo apresaron los sacerdotes, los profetas y todo el pueblo, diciendo: De cierto, morirás" (Jeremías 26:8).

• Las palabras de Cristo: "Y seréis odiados de todos por causa de mi nombre, pero el que persevere hasta el fin, ése será salvo" (Mateo 10:22).

• La experiencia de Pablo: "Y en verdad, los que quieren vivir piadosamente en Cristo Jesús, serán perseguidos (2 Timoteo 3:12).

REFLEXIONA: ¿La obediencia a Cristo te ha costado alguna vez algo? ¿Alguna vez has sentido la pena de la soledad por haber rehusado acompañar a otros al pecado? ¿Qué habrías hecho en la situación de Fernando?

PRACTICA: Determina tu respuesta en cada uno de estos ejemplos:

1. Los amigos te invitan a una celebración (con alcohol y sin la supervisión de adultos).

2. En un cine, todos en el grupo están de acuerdo para ver una popular, nueva y repulsiva película pornográfica.

3. Tú tienes buen juicio, pero tus padres han salido y estarán fuera toda la noche. Algunos compañeros pasan por ahí y te insisten para que salgas con ellos "unos minutitos".

4. En una discusión en clase, sobre el acto sexual, el instructor dice: "Levanten la mano los que piensan que no es bueno tener relaciones sexuales antes del matrimonio".

5. Todos rodean a Carlos, el torpe de la clase, y se burlan de él.

GRABA: Lee en Jeremías 26:20-23, cómo la obediencia a Dios puede dar como resultado la muerte.

* * * * * * **TRES** **SOLEDAD** * * * * *

Sara, la chica del día 2, lo está haciendo mejor.

El cuarto día de clases, conoció a Pamela, una estudiante que también es nueva en la comunidad.

Resulta que Pamela es una joven cristiana que vive en un vecindario (en las cercanías) a sólo tres kilómetros de ahí.

No sólo están en la misma clase de inglés y ciencias, sino que ellas han estado participando juntas en otras actividades —asisten a una clase de estudio bíblico, van de compras, estudian en la biblioteca y participan en un proyecto de los del primer año para recoger fondos para la gente sin hogar.

Lecciones sacadas de la soledad

EXAMINA: Otra historia (la de Jesús y sus amigos en el huerto de Getsemaní) nos da una clave sobre cómo manejar la soledad.

"Y llegaron a un lugar que se llama Getsemaní, y dijo a sus discípulos: Sentaos aquí hasta que yo haya orado. Y tomó consigo a Pedro, a Jacobo y a Juan, y comenzó a afligirse y a angustiarse mucho. Y les dijo: Mi alma está muy afligida, hasta el punto de la muerte; quedaos aquí y velad" (Marcos 14:32-34).

Nota que Jesús confiaba en sus amigos humanos, pero su verdadera confianza estaba en Dios.

REFLEXIONA: Al escribir sobre el tema de la soledad, Joyce Huggett hace notar la importancia que tiene comprender cuánto te ama Dios: "Si tú te sabes amado profundamente por alguien que nunca te dejará, ni te fallará, ni te borrará de su vida, tú eres rico en recursos. Esto significa que no tienes que pasar tu vida buscando amor. Ya lo has encontrado".

¿Has encontrado ya el amor de Dios? ¿Has abrazado a Cristo?

PRACTICA: Si estás solo:

1. Pídele a Jesús que sea Él quien llene tu vida.

2. Desarrolla tu vida espiritual por medio de la oración, el estudio de la Biblia y la memorización de la Escritura.

3. Haz amistad con otros cristianos. No hagas caso a aquellos que son presumidos, groseros e insensibles; por el contrario acércate a los que son entusiastas y amorosos.

4. No te sientas culpable. La soledad es parte del ser humano en un mundo de pecado.

GRABA: Considera la edificante verdad del Salmo 139:7-12.

CUATRO

❋ ❋ ❋ ❋ ❋

Ora por esta intención:

Durante casi un mes, Ricardo (ver la historia del día primero) luchó contra intensos sentimientos de soledad. Después conoció a Fernando.

Fernando, de doce años, tiene el síndrome de Down.

Vive en un hogar estatal y es probablemente el fanático del fútbol más serio del mundo.

Ricardo ha estado pasando algún tiempo con Fernando regularmente.

Hace poco acordó con él visitar una de las sesiones de práctica de su equipo favorito. Y ahora está haciendo planes para llevar a su joven amigo a un partido de fútbol profesional.

¿Sabes qué? Ricardo no se ha sentido solo recientemente.

Salir de sí mismo para llegar a los demás

EXAMINA: La soledad ha sido definida como "el doloroso conocimiento de que carecemos de un contacto significativo con otros". De tal modo que la solución ¡es establecer contactos¡

"Y no os olvidéis de hacer el bien y de la ayuda mutua; porque de tales sacrificios se agrada Dios" (Hebreos 13:16).

"En todo os mostré que así, trabajando, debéis ayudar a los débiles, y recordar las palabras del Señor Jesús, que dijo: "Más bienaventurado es dar que recibir" (Hechos 20:35).

REFLEXIONA: Otra anotación importante de Joyce Huggett: "El amor no se disipa cuando se entrega; se revitaliza. Por consiguiente si quieres encontrar el camino para salir del laberinto de la soledad debes dar amor.

¿Quiénes podrán recibir en su vida un poquito de tu amor hoy?

PRACTICA: Llegar a otros es una de las mejores formas de escapar de la trampa de la soledad. Practica estas ideas:

1. Abraza a algún miembro de la familia que esté triste.
2. Escribe una carta a tus padres y diles "los amo".
3. Envía un paquete a un misionero en el extranjero a quien tu iglesia esté ayudando.
4. Ofrécete como voluntario en una organización de caridad o a una misión en la ciudad.
5. Visita una comunidad retirada y escucha a algunos de los residentes.
6. Organiza una serie de juegos para los niños de tu vecindario.

GRABA: Lee Romanos 12:13-16. El sábado, lee con atención la queja de soledad del rey David en el Salmo 142. El domingo, reflexiona en el mensaje de Gálatas 6:9-10.

✳✳✳✳✳✳ CINCO **SOLEDAD** ✳✳✳✳✳

PADRES

Haciendo la paz con papá y mamá

¡CREO QUE ES TIEMPO PARA UNA TREGUA FAMILIAR!

Nuestras actitudes hacia nuestros padres siempre están cambiando. Empezamos la vida con adoración. ("Mi papito puede correr más rápido que el tuyo") y rápidamente pasamos a la frustración de la adolescencia. ("¿Crees que el viejo es un encanto? ¡Deberías ver a mi mamá!" Es solamente en el transcurso de la vida cuando cerramos todo el círculo y volvemos otra vez a la veneración. ("Quiero que sepas que te echo mucho de menos, mamá... Y te amo".)

Esperamos que las páginas siguientes te ayudarán a sobrevivir el difícil momento intermedio.

"La gloria de los hijos son los padres".
(Proverbios 17:6)

Hace pocos días, Javier hubiera querido estrangular a su mamá.

El domingo, ella equivocadamente lo culpó de haber ensuciado de lodo la alfombra nueva. El martes y el miércoles, ella le hizo una reconvención sobre sus hábitos de estudio.

El jueves, lo regañó por su corte de pelo.

El viernes, le criticó sus amigos.

Durante el fin de semana, ella estuvo cuestionando seriamente sus proyectos.

Javier no quiere imaginar lo que va a suceder la próxima semana.

Cuando tus padres te riñen

EXAMINA: Quizás el versículo más famoso de la Biblia en relación con el trato de los padres es este:

"Hijos, obedeced a vuestros padres en el Señor, porque esto es justo. Honra a tu padre y a tu madre (que es el primer mandamiento con promesa), para que te vaya bien, y para que tengas larga vida sobre la tierra" (Efesios 6:1-3).

Cuando tus padres te llamen la atención, cuando te regañen, aun cuando ellos actúen torpemente, tu deber es el mismo, obedecer y respetar. Haz eso y como dice la Escritura recibirás muchas bendiciones.

REFLEXIONA; ¿Te ponen nervioso tus padres? ¿Te riñen a menudo? Si lo hacen, ¿en qué forma? Ponte enel lugar de Javier.

¿Qué pudo haber dicho o hecho la semana pasada para que las cosas llegaran a ese extremo? ¿Qué clases de respuestas de su parte, pudieron haber hecho que la situación se saliera de sus manos?

PRACTICA: Algunas ayudas en estos casos de regaños:

1. Examina tu propia vida. ¿Hay verdad en los aspectos que expresan tus padres? Trata de ver las cosas desde el punto de vista de tus padres. Trata de ser objetivo.

2. Habla sobre el problema. Discute tus sentimientos abierta y francamente, pero ten la seguridad de emplear un tono gentil y amoroso (Efesios 4:29-32). Nada contribuye más a que un conflicto se empeore, que utilizar una actitud sarcástica y de crítica.

3. Acepta a tus padres como son. No vale la pena luchar contra características personales. ¿Qué importa si tu padre se viste en forma ridícula, o si tu mamá dice disparates delante de tus amigos? No vale la pena reñir ni molestarte por cosas tan pequeñas como estas. En cambio, mira los aspectos positivos de lo que tus padres hacen y dicen.

GRABA: Lee proverbios 15:1 y Colosenses 3:20.

UNO **PADRES**

Cuando tus padres desconfían de ti

Estoy furiosa! ¿Puedes creer que mi madre está husmeando alrededor de mi cuarto?"

"Oh, sí, claro que lo puedo creer. Mi papá se cree que es un detective privado. La otra noche, conectó el reloj en el interruptor. Cuando llegué después de mi cita con Fernando y apagué las luces, yo no lo sabía, pero ¡también apagué el reloj!

"¿Y?"

"Cuando le dije que había llegado a las 11:00 P. M. más o menos, mi papá sabía que era mentira. ¡El reloj tenía las 11:25!

"¿Y ahora estás avergonzada?"

"¡Te imaginas!"

EXAMINA: ¿Qué hacer para que tus padres confíen en ti?

• Sé honesto. "Los labios veraces permanecerán para siempre, pero la lengua mentirosa, sólo por un momento" (Proverbios 12:19).

Mira, tú no estás deseas confiar en alguien que te mintió en el pasado. ¿Por qué tendrían que ser diferentes tus padres?

• Demuestra madurez. "Cuando yo era niño, hablaba como niño, pensaba como niño, razonaba como niño; *pero* cuando llegué a ser hombre, dejé las cosas de niño" (1 Corintios 13:11)

Pregunta: ¿Confiarías en un pequeño irresponsable?

• "Maldito el que desprecie a su padre o a su madre" (Deuteronomio 27:16).

En pocas palabras, ganas confianza ¡siendo digno de confianza!

REFLEXIONA: ¿Confían tus padres en ti? ¿Por qué sí o por qué no? ¿Deberían ellos confiar en ti? Míralo de esta manera: Si tú supieras que tus amigos actúan a tus espaldas de la misma forma que tú actúas a espaldas de tus padres, confiarías en ellos?

PRACTICA: ¿Qué puedes hacer si tu papá o tu mamá no confían en ti?

1. Admite humildemente dónde ha estado tu error (Mamá, papá, yo actué de manera deshonesta, inmadura e irrespetuosamente cuando yo _____."

2. Pide perdón. "Lo siento. No tengo excusa. Me equivoqué. Por favor, perdónenme".

3. Expresa tu deseo de cambiar. "No quiero seguir actuando así. Quiero ganarme el respeto de ustedes. ¿Pueden decirme qué puedo hacer?"

4. Trabaja para demostrar tu sinceridad. Mantén tu palabra. No hagas cosas irresponsables. Tú tendrás que recobrar la confianza perdida paso a paso.

GRABA: Una persona digna de confianza es renovadora —mira Proverbios 25:13.

Ora por esta intención: ────────────

DOS

123

La relación padres-hijos puede producir una gran pena. El padrastro de Luis lo maltrata verbalmente. Sus crueles observaciones han afectado la autoestima de Luis.

La mamá de Andrea la maltrata físicamente. Ella abofetea a Andrea, de cinco pies y una pulgada. La pasada primavera ella usó lentes durante dos semanas para ocultar un ojo negro.

El papá de Silvia abusa sexualmente de ella. Él ha estado molestándola desde hace dos años.

Los padres de Daniello maltratan emocionalmente. Ellos constantemente le compran baratijas, pero jamás se han interesado en su vida.

Cuando tus padres te hieren

EXAMINA: Pregunta: ¿Qué hacer cuando un padre terreno te hiere? Respuesta: Recuerda el amor de tu Padre celestial.

• Él ve. "Los ojos del Señor están en todo lugar observando a los malos y a los buenos" (Proverbios 15:3).

• Él cuida (1 Pedro 5:7).

• Él conforta (Salmos 86:17).

• Él sana. "Él sana a los quebrantados de corazón, y venda sus heridas" (Salmo 147:3).

• Él promete justicia. "El Señor hace justicia, y juicios a favor de todos lo oprimidos" (Salmos 103:6).

REFLEXIONA: Los padres también pueden herir a sus hijos abandonándolos. Pocas cosas hay tan penosas como sentirse abandonado, ver que los padres se separan o se divorcian o tener un padre que se ha suicidado. Es muy común sentirse rechazado cuando un padre muere. ¿Puedes tú referirte a alguna de estas situaciones? ¿Tienes amigos que hayan pasado por alguna de estas experiencias dolorosas?

PRACTICA: Si te sientes herido por algún maltrato de tus padres (cualquiera que sea el abuso) busca ayuda hoy. Llama a tu líder juvenil o busca una cita con tu profesor preferido o con un consejero cristiano. Tú no tienes que continuar viviendo con todas esas heridas. Tú puedes encontrar esperanza y sanación... Empieza con una simple llamada.

Si tienes amigos que son víctimas del abuso de sus padres, apóyalos y sé tierno con ellos. Ofrécete a ir con ellos a conseguir ayuda.

(¡Y ora como nunca antes lo habías hecho!)

GRABA: Reflexiona en el cuidado de Dios por su pueblo, como se demuestra en Éxodo 2:23-3:4.

TRES PADRES

Cuando tus padres te aman

Cuando se trata de padres, Moisés y Matilde Martínez tienen muchísimo que agradecer. Sus familias están felizmente casadas.

El señor y la señora Martínez son también muy considerados.

Una vez por semana, cuando los hijos llegan a la casa, después del colegio la señora Martínez les sirve un postre recién horneado.

El señor Martínez, hace poco rechazó una promoción porque implicaba un traslado que desarraigaría a los muchachos.

El mes pasado, los Martínez sorprendieron a sus dos hijos con un largo fin de semana que incluía un viaje para acampar en las montañas.

EXAMINA: En un mundo donde tantas familias tienen problemas, es una dicha encontrar padres y madres que tomen seriamente estos versículos de la Biblia: "Y *vosotros*, padres, no provoquéis a ira a vuestros hijos, sino criadlos en la disciplina e instrucción del Señor" (Efesios 6:4).

"Mujer hacendosa, ¿quién la hallará? Su valor supera en mucho al de las joyas.... También se levanta cuando aún es de noche, y da alimento a los de su casa y tarea a sus doncellas.... Ella vigila la marcha de su casa, y no come el pan de la ociosidad (Proverbios 31:10,15,27).

Si tú tienes padres como estos (un papá increíblemente gentil o una mamá generosa, ¡tú has sido bendecido!

REFLEXIONA: La semana pasada la señora Martínez y Mateo tuvieron una gran discusión; como ella no le permitió ir a una cierta fiesta, él acusó a su mamá de ser demasiado estricta.

Más tarde, ella se dio cuenta de que lo estaba sobreprotegiendo. Y Mateo también se dio cuenta de que si su madre expresaba su preocupación al respecto era solamente porque lo amaba.

¿Crees que la mayoría de los adolescentes tienen padres como los Martínez o padres despreocupados?

PRACTICA: Quizás tus padres no han hecho por ti lo que los Martínez han hecho por sus hijos; pero, considera los sacrificios que tu familia ha hecho. Si te es posible haz una lista de diez formas específicas con las cuales tus padres te han demostrado su amor por ti.

Ahora tómate cinco minutos para expresar tu agradecimiento. Deja una nota, dales un abrazo, haz una llamada telefónica o di simplemente "GRACIAS" pero ¡haz algo para demostrar tu gratitud!

GRABA: Mira cómo responder a una madre amorosa (o papá según el caso) —Proverbios 31:28-29.

Ora por esta intención:

CUATRO

Los padres de Julia se divorciaron hace pocos meses. Desde entonces, la muchacha de 15 años, próxima a ingresar a séptimo grado, se ha sentido pasar por una "exprimidora". Su mamá llora todo el tiempo y parece apenas funcionar. Su padre se mantiene llamándola y haciéndole a Julia algunas preguntas tontas como: "¿Querida, todavía me amas?" y "Amor ¿puedes venir y mostrarme cómo se plancha una camisa?"

Julia se siente empujada en dos direcciones. ¡Qué extraño! Sus padres repentinamente parecen dos muchachitos desamparados.

Cuando tus padres te necesitan

EXAMINA: Créelo o no, pero las madres y los padres necesitan a sus hijos adolescentes. Y no precisamente padres con matrimonios tambaleantes sino aun aquellos con relaciones sólidas.

¿Puedes realmente establecer la diferencia y ser una ayuda? Por supuesto.

Tú puedes orar: "Con toda oración y súplica orad en todo tiempo en el Espíritu, y así, velad con toda perseverancia y súplica por todos los santos" (Efesios 6:18).

Tú puedes escuchar: "Esto sabéis, mis amados hermanos. Pero que cada uno sea pronto para oír, tardo para hablar, tardo para la ira; pues la ira del hombre no obra la justicia de Dios" (Santiago 1:19).

Tú puedes ayudar: "Llevad los unos las cargas de los otros, y cumplid así la ley de Cristo" (Gálatas 6:2).

REFLEXIONA: Están tus padres enfrentando:
• ¿Presiones inesperadas en el trabajo o pérdida del empleo?
• ¿Problemas de salud?
• ¿La enfermedad o pérdida de sus propios padres?
• ¿Responsabilidades adicionales en la iglesia o en la casa?
• ¿Depresión u otras dificultades emocionales?

PRACTICA: He aquí algunas ideas para esos momentos en que tus padres te necesitan:
1. Haz alguna tarea que tu padre deteste.
2. Hazle algún mandado a tu mamá.
3. Ofrécete como voluntario para limpiar la mesa y lavar los platos.
4. Ofrécete para preparar la comida.
5. Di "te amo".
6. Dales un abrazo o un beso.
7. Déjales un nota alentadora donde ellos la vean.
8. Lava la ropa.

GRABA: Lee Proverbios 23:22. El sábado considera Levítico 19:3. El domingo reflexiona en Proverbios 6:20-23.

CINCO **PADRES**

PRESIÓN DE LOS COMPAÑEROS
¿Quién controla tu vida?

En el peor de los casos, la presión de los compañeros es como una aspiradora gigantesca que revolotea sobre tu cabeza, dando chasquidos en los peores momentos.

Tú estás preocupado en tus asuntos y ¡ZUAS! de repente, surge esta fuerza increíble que te absorbe. Si te descuidas por medio segundo... ¡PLUM! y vas a parar lejos... ¿Y dónde terminarás? Nadie lo sabe.

¿Quieres algunas ideas de cómo resistir la fuerza de la multitud?

"Y no os adaptéis a este mundo".
(Romanos 12:2)

"Yo sólo quiero caer bien".

Mateo asistió a una pequeña escuela cristiana desde kindergarten hasta octavo grado. Este año, él se trasladó a un colegio muy grande.

Este ha sido un mundo nuevo para él. Ha sido igualmente un tiempo de conmoción interior.

El viernes por la noche, Mateo salió con algunos compañeros de su nuevo colegio. Alrededor de las nueve de la noche, alguien dijo, "Amigos, hagamos una incursión a la ciudad".

Mateo pensó para sí, "eso es a unos 110 km de aquí. Supongo que llegaré a la casa a las 11:00 P.M.", pero él no dijo nada y llegó a la casa después de la una de la madrugada.

EXAMINA: La presión es la fuerza emocional que los amigos utilizan para que hagamos o no algunas cosas. Es un viejo fenómeno; en efecto, Salomón ya prevenía a su hijo sobre esto hace muchísimo tiempo. "Hijo mío, si los pecadores te quieren seducir, no consientas. Si dicen: Ven con nosotros, pongámonos al asecho para *derramar* sangre, sin causa asechemos al inocente.... echa tu suerte con nosotros, todos tendremos una bolsa; hijo mío, no andes en el camino con ellos, aparta tu pie de su senda, porque tus pies corren hacia el mal, y a derramar sangre se apresuran.... pero ellos a su propia sangre asechan, tienden lazo a su propia vida". (Proverbios 1:10-11; 14-16,18).

REFLEXIONA: ¿Por qué crees que la presión de los compañeros es tan intensa? ¿Dónde te golpea más duramente esta presión del grupo? Si tú te encuentras en una situación como la que Mateo está atravesando, ¿cómo crees que responderías?

PRACTICA: Comienza tu estudio sobre la presión permanente con esta oración: "Padre, necesito sabiduría tanto para entender como para aprender a manejar la presión del grupo. Dame un corazón abierto para escuchar lo que tú tienes que decirme. Concédeme tener la voluntad de espíritu para que pueda poner en práctica las cosas que aprendo. Te lo pido en el nombre de Jesús. Amén".

Luego haz este experimento: Hoy en la escuela, observa ejemplos de la presión del grupo en acción. Observa cómo afecta a tus compañeros. Mira a ver si puedes aislar e identificar algunas de las técnicas que la gente usa para ejercer presión unos sobre otros.

GRABA: Lee las advertencias en Proverbios 28:10, especialmente si tú estás aplicando la presión negativa de los compañeros a otros.

✳ ✳ ✳ ✳ ✳   UNO

PRESIÓN DE LOS COMPAÑEROS

Después de su aventura del fin de semana (ver día 1), Mateo fue tratado con casi todas las formas de castigos conocidos en la humanidad.

Ahora en tres días de juicio con "tres semanas sin ningún privilegio", él está casi seguro de que la próxima vez hablará cuando los amigos sugieran una noche en la ciudad.

"Fui estúpido", admite.

Mientras tanto el mejor amigo cristiano de Mateo, Miguel, está disfrutando la escena de la fiesta más y más.

Sé fuerte y conserva tu fe

EXAMINA: Primero, la presión negativa del grupo te empuja a decisiones equivocadas.

"Pilato, queriendo soltar a Jesús, les volvió a hablar, pero ellos continuaban gritando, diciendo: ¡Crucifícale! ¡Crucifícale! Y él les dijo por tercera vez: ¿Por qué? ¿Qué mal ha hecho éste? No he hallado en Él ningún delito *digno* de muerte; por tanto, le castigaré y le soltaré. Pero ellos insistían, pidiendo a grandes voces que fuera crucificado. Y sus voces comenzaron a predominar. Entonces Pilato decidió que se les concediera su demanda" (Lucas 23:20-24).

Segundo, la presión negativa del grupo hace daño a las relaciones de uno con Dios.

"Entonces los hijos de Israel hicieron lo malo ante los ojos del SEÑOR, y sirvieron a los baales, y abandonaron al SEÑOR, el Dios de sus padres, que los había sacado de la tierra de Egipto, y siguieron a otros dioses de entre los dioses de los pueblos que estaban a su derredor; se postraron ante ellos, y provocaron a ira al SEÑOR" (Jueces 2:11-12).

REFLEXIONA: ¿Has permitido que otros te presionen para tomar una mala decisión esta semana? ¿Algunos amigos o actividades te están empujando a apartarte de Dios?

PRACTICA: He aquí algunas sugerencia para decir NO:

1. Manténte firme en tus convicciones acerca de lo que quieres y de lo que no quieres. Será la mejor forma para mantenerte y poner resistencia a las presiones.

2. Sé firme. La multitud puede ser como una escuela de tiburones. Si no siente ninguna vacilación atacará hasta matar.

3. Hazle saber a la gente que aunque te agraden como amigos no puedes participar en ciertas actividades.

GRABA: Mira cómo la presión del grupo puede hacer daño a tu fe, en Números 25:1-2.

Ora por esta intención:

✳ ✳ ✳ ✳ DOS

Encontrar a unos cuantos amigos fieles

Sus tres semanas de encierro ahora quedan atrás.

Y Mateo ha decidido no meterse más en problemas.

Ayer, almorzó con Patricia, una joven del grupo juvenil. Ella le habló acerca de : "La hora primera".

"¿Y eso qué es?"

"Es como un estudio bíblico antes de la escuela, todos los martes. Un joven, llamado Gregorio lo dirige. Un buen grupo de universitarios de los primeros años asisten. Además en invierno Gregorio y su esposa llevan a un grupo de jóvenes a esquiar".

"¿No te parece bueno?"

"¡Creo que realmente es muy bueno!

EXAMINA: Patricia es muy inteligente para buscar algunos amigos cristianos. ¿Por qué?

1. Si tú andas con amigos no cristianos todo el tiempo, tú puedes finalmente rendirte a su influencia negativa.

"No entres en la senda de los impíos, ni vayas por el camino de los malvados" (Proverbios 4:14).

"No tengas envidia de los malvados, ni desees estar con ellos" (Proverbios 24:1).

2. Por otra parte, los verdaderos cristianos pueden rodearte con su presión positiva del grupo. "El que anda con sabios será sabio, mas el compañero de los necios sufrirá daño" (Proverbios 13:20).

REFLEXIONA: Ya antes habíamos comparado la presión negativa del grupo con una aspiradora flotante y gigante que absorbe a los individuos débiles. Hoy, ¡necesitas darte cuenta de que la presión positiva del grupo es como una fuerza de atracción imposible de dominar"!

En tiempos de tormenta, las influencias positivas pueden hacerte permanecer muy fuerte... ¡Justo como debes estar!

PRACTICA: ¿Qué puedes hacer para encontrar algunos amigos cristianos comprometidos?

• Involúcrate cada vez más en el grupo juvenil de tu iglesia y asiste a la escuela dominical de cada domingo.

• Asiste a los encuentros de los grupos de diferentes ministerios en tu localidad.

• Trata de obtener un permiso para iniciar un grupo de estudio bíblico, antes o después de la escuela. Con la aprobación, distribuye algunas hojas de anuncios y pega algunos carteles. Te sorprenderás de lo que pasa.

¿Un grupo de nuevos amigos cristianos? ¿Una oportunidad para llegar a interesar a uno o dos que no son cristianos? ¡Hazlo!

GRABA: Lee 1 Corintios 15:33-34.

✳ ✳ ✳ ✳ ✳

TRES PRESIÓN DE LOS COMPAÑEROS

En una fiesta, después del primer partido de fútbol, Juan es el centro de atención. En el último minuto él interceptó un pase para asegurar la victoria 14-10.

Todos los muchachos le están dando palmadas en la espalda y las jóvenes le dicen lo bueno que es.

De pronto, alguien hace estallar un envase de cerveza y dice: "¡Hola, Juan! Por todo lo que hiciste, esta cerveza es para ti". Todos ríen y observan.

Después de una pausa, Juan dice:

"Gracias, pero creo que sólo tomaré una gaseosa".

¡Atrévete a ser diferente!

EXAMINA: La gente valerosa, se atreve a ser diferente. Dos ejemplos:

1. La mayoría de los espías israelitas que inspeccionaban la Tierra Prometida consideraban que su conquista era una causa perdida. "Sólo que es fuerte el pueblo que habita en la tierra, y las ciudades, fortificadas y muy grandes; y además vimos allí a los descendientes de Anac" (Números 13:28).

2. Cuando el rey de Jericó presionó fuertemente a Rajab, ella se quedó con los israelitas. "Y cuando lo oímos, se acobardó nuestro corazón, no quedando ya valor en hombre alguno por causa de vosotros; porque el SEÑOR vuestro Dios, Él es Dios arriba en los cielos y abajo en la tierra. Ahora pues, juradme por el SEÑOR, ya que os he tratado con bondad, que vosotros trataréis con bondad a la casa de mi padre, y dadme una promesa segura" (Josué 2:11-12).

REFLEXIONA: Caleb y Rajab se mantuvieron firmes en contra de la muchedumbre, ¿no es verdad? ¿Y tú? ¿Qué piensas acera de la respuesta de Juan? ¿Cómo habrías reaccionado tú en esta situación?

PRACTICA: Haz algo en el día de hoy para expresar tu independencia y tu personalidad única:
- Vístete un poco diferente de los demás de tu grupo.
- No utilices la palabra o la frase popular que otros en tu escuela dicen cada dos minutos.
- Desarrolla intereses distintos a los del grupo, como mímica, historia del arte o títeres (tú no puedes ser firme en los asuntos grandes, hasta tanto lo hayas hecho primero en las cosas pequeñas).

GRABA: Lee en Daniel 3 sobre tres jóvenes que se mantuvieron firmes frente a una presión *extrema*.

Ora por esta intención:

✳ ✳ ✳ ✳ **CUATRO**

Tú puedes guiar a tus compañeros

Después que dos estudiantes de la escuela secundaria Thompson, murieron en accidentes separados relacionados con el alcohol, Marta decidió que era tiempo de ejercer una influencia positiva.

Ella escribió un conmovedor editorial en el periódico escolar. Luego con la ayuda de su guía y consejero, organizó: "Ejercicios para el fin de semana".

¿Qué es eso de ejercicios para el fin de semana? Es una función, los viernes por la noche en el gimnasio de la iglesia de Marta.

Desde las 9 de la noche hasta la medianoche, cada semana, los jóvenes juegan voleibol, baloncesto y participan en clases de aeróbicos.

¡A todo el mundo le fasci-

EXAMINA: ¿Puede una sola persona influir en un grupo completo? ¿Es posible dirigir a los compañeros en una dirección correcta... cuando van por el camino inadecuado? ¡Sí!

"Vosotros sois la luz del mundo. Una ciudad situada sobre un monte no se puede ocultar; ni se enciende una lámpara y se pone debajo de un almud, sino sobre el candelero; y alumbra a todos los que están en la casa. Así brille vuestra luz delante de los hombres, para que vean vuestras buenas acciones y glorifiquen a vuestro Padre que está en los cielos" (Mateo 5:14-16).

REFLEXIONA: Haz una lista de los problemas y dificultades en los que tus amigos incurren más a menudo. Ahora haz una lista de algunas formas con las cuales tú puedes desviar a tus compañeros hacia una situación distinta para alejarlos de aquellas situaciones problemáticas.

Cuando llegue este fin de semana, ¿harás la firme decisión de pararte y animar al grupo para hacer lo correcto? Si tú no lo haces, ¿quién lo hará?

PRACTICA: Hasta ahora sólo hemos tratado superficialmente el extendido problema de la presión de los compañeros. Si deseas explorar este asunto de forma más detallada, de corazón te recomendamos el libro de Chris Lutes "*La presión de los compañeros: ¡Ponla a trabajar para ti!*" (Campus Life Books, de editorial Zondervan).

Tú puedes considerar la posibilidad de reunirte con otros amigos y estudiar estos recursos en un grupo.

GRABA: Examina cómo Gamaliel, una persona sensata, responde ante la acción exasperada de un grupo de presión —Hechos 5:29-40. El sábado, considera el efecto que el joven rey Josías tenía sobre la nación de Judá —2 Crónicas 34 (especialmente 31-32). El domingo, medita sobre cómo la presión del grupo no afectó al apóstol Pablo —2 Corintios 6:3-11.

✳ ✳ ✳ ✳ ✳

CINCO

PRESIÓN DE LOS COMPAÑEROS

EL CASO DE
LA TUMBA VACÍA

Hace casi 2.000 años, Jesucristo fue crucificado y sepultado. Tres días después, ¡su sepulcro estaba misteriosamente vacío!

Explicaciones: Algunos dicen que los discípulos de Jesús robaron su cuerpo e inventaron lo de su resurrección. Otros arguyen que Jesús no murió realmente Él se desmayó, revivió en la tumba y de alguna forma escapó.

¿Qué sucedió realmente?: La mejor forma de saber con seguridad lo que aconteció aquel domingo por la mañana es examinar los relatos escritos. Mateo, Juan, y Pedro fueron testigos oculares de la vida, muerte y resurrección de Jesús (Mateo 28; Juan 20; 1 Pedro: 1, 3 y 2 Pedro 1:16) Estos sucesos no ocurrieron de forma secreta. Fueron acontecimientos públicos. En efecto, el apóstol Pablo escribió que Jesús se apareció a más de 500 personas después de su resurrección y que la mayoría de ellos vivían en el tiempo en que él escribía y que podía verificar los acontecimientos de la resurrección (1 Corintios 15:6).

No cabe ninguna otra explicación. Jesús murió; no hay ninguna duda sobre ello (Marcos 15:44-45). Pilato, gobernador de los judíos, con el fin de proteger el cuerpo de Jesús para que los discípulos no se lo llevaran, colocó una unidad de guardias romanos, tipo "Rambo", fuera de la tumba y la cerró herméticamente con su sello oficial (Mateo 27:63-66). Romper el sello era castigado con la muerte. ¡Aún así, el cuerpo de Jesús no estaba en la tumba la mañana del domingo! ¿Es posible creer que un grupo de "asustados" discípulos de Jesús encontraron de alguna forma el coraje para vencer a los poderosos soldados romanos? ¿Y por qué, si la resurrección era un fraude, los discípulos habrían de comprometer sus vidas diciendo a otros que Cristo había resucitado? La historia nos dice que casi todos ellos murieron por la causa a Cristo. Se da por sentado que algunas veces la gente muere por una mentira. ¡Pero no cuando *sabe* que es una mentira!

Pregunta: ¿Qué llevó a todos estos individuos a dar su vida diciendo a otros que Cristo estaba vivo? Respuesta: ¡Ellos deben haber visto al Salvador resucitado!

¿Lo de la tumba vacía realmente importa? ¡Claro que sí! ¡La resurrección de Jesús es tan central en el evangelio que Pablo concluye: *"Y si Cristo no ha resucitado, vuestra fe es falsa; todavía estáis en vuestros pecados" (1 Corintios 15:17)."Mas ahora Cristo ha resucitado de entre los muertos, primicias de los que durmieron" (1 Corintios 15:20).*

PATERNIDAD

Oye, Bill!, ¿qué te golpeó, el auto de Marcelo?
"Ah, tú conoces ya a mi papá. Algunas veces creo que lo que él quiere es que yo marque en un reloj registrador a la hora de irme a la cama. Él hace que muchas veces desee no haber nacido".

Abusivos o cuidadosos, críticos o preocupados, los padres vienen en todos los tamaños y formas. Pero buenas o malas, sus acciones y actitudes forman tu idea de cómo es un padre. Y, su paternidad también te da tu primer concepto de lo que es Dios como Padre. Como resultado, ¡Dios sufre las consecuencias de una imagen distorsionada! ¿Por qué? Porque algunas veces nuestros padres la echan a perder.

Por ejemplo, la idea que Julio tiene sobre cómo es un padre le viene de un papá que comunica disgusto, repulsión e ira. Bajo estas circunstancias, cómo crees que él pudiera aprender a responderle a Dios, su Padre celestial?¿Cómo lo harías tú?

¿Puede alguien como Julio, quien no ha tenido un buen padre aquí en la tierra, aprender a conocer a Dios como el Padre celestial y amoroso que es? ¡La respuesta es Sí!

Dios hizo dos cosas que hacen fácil llegar a conocerlo. Primero, Él escribió acerca de sí mismo en la Biblia. Segundo, Él vino a la tierra en forma humana para permitirnos conocer cuánto nos ama. Si tú quieres ver cómo Dios conduce y responde a su pueblo, entonces mira a Jesús. Él acepta a su pueblo como es: Sin críticas, sin juicios, sin ira. Siempre con amor. Sin embargo, Él nunca tolera el pecado o lo pasa por alto. Él trata con el ecado y lo perdona. Jesús ofrece lo mejor a aquellos que Él ama.

¿Quieres llegar a conocer a Dios como tu Padre? Entonces, conoce a Jesús. Conócelo como aquel que perdonó a uno de sus mejores amigos que mintió al decir que no lo conocía. Conócelo como el que compartió la última cena con sus amigos más cercanos y les lavó los pies sucios mientras se preparaba para morir; y oró intensamente a su Padre para que tú y Él fueran uno en el corazón. Pero sobre todo, conócelo como el que salió de la tumba, lleno de vida para todos aquellos que verdaderamente lo acepten.

Jesús. A través de Él tú puedes llegar a conocer al Padre *perfecto*.

APARIENCIA

Ir al corazón del asunto

Sin duda alguna la apariencia es importante en este mundo. Un joven buen mozo o una chica simpática pueden hacer que las cabezas se volteen a mirar, que los ojos se salgan de sus órbitas o que los corazones palpiten.

Pero, ¿qué tan importante es la apariencia para Dios? ¿Muy importante? ¿Poco importante? ¿Sin ninguna importancia?

¡Continúa leyendo para encontrar respuestas importantes!

"Pero el SEÑOR dijo a Samuel: No mires a su apariencia, ni a lo alto de su estatura, porque lo he desechado; pues Dios ve no como el hombre ve, pues el hombre mira la apariencia exterior, pero el SEÑOR mira el corazón"
(1 Samuel 16:7).

¡Obsesionado con la apariencia externa!

El ritual tiene lugar todas las tardes en el club de natación Osborn. Las jóvenes miran a los chicos: "¡Alvaro es tan encantador! Me gusta. Podría quedarme mirándolo durante horas.

"Ya lo estás haciendo y ¡te embobaste!

Mientras tanto, al otro lado de la piscina, los jóvenes miran a las chicas: "Me casaría con alguien que luzca como Irene".

"Irene tiene el cociente intelectual de un ladrillo".

¿Y qué?

EXAMINA: Nuestra cultura está obsesionada con la apariencia externa, pero los cristianos estamos llamados a centrar nuestra atención en la condición interior.

"Y que vuestro adorno no sea externo: peinados ostentosos, joyas de oro ni vestidos lujosos, sino que sea el yo interno, con el adorno incorruptible de un espíritu tierno y sereno, lo cual es precioso delante de Dios" (1 Pedro 3:3-4).

El apóstol Pablo hace énfasis en este mismo punto cuando él encuentra gente superficial en su camino. "Y de aquellos que tenían reputación de ser algo (lo que eran, nada me importa; Dios no hace acepción de personas), pues bien, los que tenían reputación, nada me enseñaron" (Gálatas 2:6).

REFLEXIONA: La ropa llamativa en un cuerpo escultural, en un auto deportivo —supón que tienes todo esto—. Tú te las arreglas para conseguir "esa apariencia" (cualquiera que sea "la apariencia"). De repente todos quieres tener una cita contigo o ser tu amigo. ¿Dónde estaba toda esa gente antes? ¿Por qué solamente aparecen a tu alrededor después de haber cambiado tu apariencia? ¿A todos estos "nuevos amigos" les gusta la persona que hay dentro de ti o sólo tu imagen?

PRACTICA: No hay ninguna duda al respecto... Todos queremos vernos muy bien. Pero ¡cuidado! Si caes atrapado en las redes de la apariencia nunca estarás satisfecho. Una apariencia común te hará sentir celoso y amargado. Las buena apariencia despertará sospechas y aun temor. Comienza tu estudio de esta semana con una oración honesta. Cuéntale a Dios cómo te sientes con tu propia apariencia. Pídele que te muestre su punto de vista.

GRABA: Lee sobre gente que da un alto valor a la apariencia externa por encima de todo —Corintios 5:12.

✦ ✦ ✦ ✦ ✦ ✦ UNO **APARIENCIA** ✦ ✦

Débora asiste a una escuela cristiana. Ella también asiste puntualmente a un grupo juvenil y a la iglesia.

Pero eso no es todo. Débora trabaja en un almacén de libros cristianos; regularmente tiene un tiempo de retiro y escucha únicamente música cristiana. Aun más, ella ha hecho voto de salir sólo con jóvenes cristianos.

Si el comportamiento exterior fuera lo único que interesara a Dios, Débora sería una cristiana excelente. Nadie actúa más religiosamente.

Pero Dios —como vimos ayer— tiene en cuenta especialmente el interior de la persona. Y el corazón de Débora está lleno de orgullo, envidia y egoísmo.

¡Las apariencias engañan!

EXAMINA: ¿Te acuerdas de las duras palabras que Jesús dirigió a los hombres religiosos de su tiempo?

¡Ay de vosotros, escribas y fariseos, hipócritas!, porque limpiáis el exterior del vaso y del plato, pero por dentro están llenos de robo y de desenfreno. ¡Fariseo ciego! Limpia primero lo de adentro del vaso y del plato para que lo de afuera quede limpio" (Mateo 23:25-26).

"!Ay de vosotros, escribas y fariseos, hipócritas!, porque sois semejantes a sepulcros blanqueados, que por fuera lucen hermosos, pero por dentro están llenos de huesos de muertos y de toda inmundicia. Así también vosotros, por fuera parecéis justos a los hombres, pero por dentro estáis llenos de hipocresía y de iniquidad" (Mateo 23:27-28).

REFLEXIONA: Basado en lo que Jesús dijo a los fariseos, ¿una persona que hace las cosas correctas, automáticamente está bien ante Dios? ¿Estás viviendo como fariseo?

PRACTICA: Evalúa tu propio comportamiento espiritual? ¿Te dejas llevar "mecánicamente por los grupos"? ¿Es tu motivo primario "ser visto por los demás o ser reconocido como una persona pura"? De ser así:

• Confiesa tus actitudes equivocadas (Juan 1:9).

• Regresa a tu primer amor (Apocalipsis 2:4). Haz de Jesús —no de las apariencias— tu meta principal.

• Deja de buscar el reconocimiento de los hombres (Juan 12:43).

• Haz un renovado esfuerzo para practicar el cristianismo tanto en secreto como en público (Mateo 6:1-8).

GRABA: ¿Has leído acerca de la gente, "farisaica" en Colosas, que centraban su atención en el lugar equivocado? Lee Colosenses 2:20-23.

Ora por esta intención:

✣ ✣ ✣ ✣ ✣ **DOS**

Las siguientes son tres situaciones muy cuestionables:

1. Rafael, de 16 años, ha sido visto frente a una tienda de licores.

2. Carolina y su novio Humberto, ambos estudiantes de segundo año de universidad, viajan durante el fin de semana con otra pareja a un lugar cercano. Los dos jóvenes y las dos chicas se quedan en el mismo cuarto del hotel.

3. Ana ha sido vista dándole dinero a Julio el mismo día que todos sabían que habían visto a Julio vendiendo copias del examen de ciencia de la señora Fernández.

¿Aparentando ser malo?

EXAMINA: Uno de los temas más repetidos del Nuevo Testamento es aquel que afirma que un cristiano debe ser extremadamente cuidadoso para evitar las apariencias de llevar una vida equivocada y luchar por lograr una buena reputación.

• "Pero que la inmoralidad, y toda impureza o avaricia, ni siquiera se mencionen entre vosotros, como corresponde a los santos" (Efesios 5:3).

• "Absteneos de todo género del mal" (1 Tesalonicenses 5:22).

• "Debe gozar también de una buena reputación entre los de afuera de la iglesia, para que no caiga en descrédito y en el lazo del diablo" (1 Timoteo 3:7).

REFLEXIONA: Regresando a los ejemplos citados, ¿qué conducta sugieren las situaciones descritas?

¿Sabemos que Rafael está comprando bebidas alcohólicas? ¿O que Carolina y Humberto están manteniendo relaciones sexuales? ¿O que Ana está comprando un examen de ciencia? Tal vez no. Pero al mismo tiempo su comportamiento suscita serias dudas.

PRACTICA: Siéntate con un amigo cristiano cercano y discute las historias de Rafael, Carolina y Ana. Presume que en ninguna de las mencionadas situaciones ha sucedido nada pecaminoso. Ahora, ¿puedes tener un mejor plan para cada caso? Tómate unos pocos minutos para examinar tu propia vida. ¿Estás haciendo observaciones ambiguas o haciendo cosas cuestionables? Determina ser más cuidadoso en cada una de las actividades que hagas para evitar los malentendidos.

De ahora en adelante sean responsables unos con otros, en los días siguientes. ¡Un leve descuido puede causar muchos dolores de cabeza!

GRABA: Atiende la sugerencia de Nehemías de vivir de tal manera que el nombre de Dios no sea hundido en el lodo —Nehemías 5:1-11.

✦ ✦ ✦ ✦ ✦ **TRES APARIENCIA** ✦ ✦

Lo último en desaparecer

Volvamos a Rafael (el joven de la historia de ayer). Lo que no te dije antes es que Rafael se volvió cristiano hace unas pocas semanas.

La fe en Cristo es totalmente nueva para él. En primer lugar, Rafael ha hecho algunos grandes cambios en su vida. Pero por otra parte, todavía tiene algunas fallas evidentes —riñas, maldiciones y falta de control en lo que piensa y dice.

EXAMINA: Toda esta semana hemos estado haciendo énfasis en la necesidad de tener mucho cuidado de las apariencias. ¡Hoy queremos enfatizar en las cosas que deben desaparecer!

"Por tanto, considerad los miembros de vuestro cuerpo terrenal como muertos a la fornicación, la impureza, las pasiones, los malos deseos, y la avaricia, que es idolatría. Pues la ira de Dios vendrá sobre los hijos de desobediencia por causa de estas cosas, en la cuales vosotros también anduvisteis en otro tiempo cuando vivíais en ellas. Pero ahora, desechad también vosotros todas esta cosas: ira, enojo, malicia, maledicencia, lenguaje soez de vuestra boca. No mintáis los unos a los otros, puesto que habéis desechado al hombre viejo con sus malos hábitos, y os habéis vestido del hombre nuevo, el cual se va renovando hacia un verdadero conocimiento, conforme a la imagen de aquel que lo creó" (Colosenses 3:5-10).

REFLEXIONA: Si Rafael fuera tu amigo, ¿cómo tratarías de ayudarlo? ¿Es el crecimiento algo que debemos esperar que Dios haga? ¿Qué nos dice Colosenses en 3:5-10?

PRACTICA: Examina si las conductas y/o actitudes descritas a continuación están presentes en tu vida.

	SÍ	NO
1. Inmoralidad sexual	——	——
2. Lujuria	——	——
3. Malos deseos	——	——
4. Avaricia	——	——
5. Ira/cólera	——	——
6. Lenguaje sucio	——	——
7. Mentira	——	——

Escribe esto en una tarjeta de archivar: "Tú debes deshacerte de _____". Llena el espacio con las conductas que marcaste con sí. Memorízalos... y haz lo que dices.

GRABA: Lee más acerca del mal en Salmo 24:3-4.

CUATRO

❖ ❖ ❖ ❖

Ora por esta intención:

Tu profesor favorito dice: Los adolescentes tienen relaciones sexuales. Y las adolescentes están teniendo bebés. Obviamente que el control de la natalidad debería estar asequible".

Tu estrella de televisión preferida te dice: "¡Es inconcebible que unos pocos extremistas de derecha religiosos estén tratando de controlar lo que vemos en T.V.!" Déjenlos que sencillamente cambien de canal, y dejen que el resto veamos lo que queremos!"

Tu compañero de clase que menos te gusta exclama:

"Si el aborto es ilegal, las mujeres morirán a causa de los abortos".

Ir al fondo de las apariencias

EXAMINA: Mucha gente no piensa de una manera crítica. Si una declaración les parece correcta la aceptan de inmediato. Pero Jesús llama a los cristianos a profundizar: "No juzguéis por la apariencia, sino juzgad con juicio justo" (Juan 7:24).

REFLEXIONA: La primera parte de las afirmaciones al comienzo de esta página parecen muy sensatas pero en el fondo de cada una de ellas yace una suposición que no es tan razonable.

1. Tu profesor da por sentado que el control de la natalidad disminuye el número de embarazos en los adolescentes ¡Falso! La "Paternidad planificada" en un estudio realizado en 1.986 muestra lo siguiente:

• Cuanto más control de la natalidad esté al alcance de los adolescentes, más relaciones sexuales tendrán... y habrá más embarazos.

• Los dos únicos factores que efectivamente disminuyen el número de adolescentes embarazadas son la asistencia frecuente a la iglesia y la guía de los padres.

2. La estrella de televisión supone que ver pornografía no es perjudicial. Pero algunos estudios muestran que la pornografía está directamente relacionada con el aumento de crímenes sexuales violentos y el abuso de los niños.

3. Tu compañero de clases presume que deberíamos tener más compasión por la madre que por el bebé que ella está tratando de matar.

PRACTICA: Aprende a ver lo que hay debajo del aspecto superficial de las ideas. Haz preguntas firmes sobre el significado de una canción popular, el mensaje de una película nueva, los reclamos de un dinámico locutor. No los juzgues "por simples apariencias". En cambio, con la Biblia, como guía, discierne cuidadosamente.

GRABA: Mira cómo Jesús iba al fondo de las apariencias (Juan 3:1-21). El sábado, lee Proverbios 26:4. Pide a Dios que remueva cualquier idea o creencia sin fundamento que tú puedes tener. El domingo, lee Proverbios 26:5. ¿Estás dispuesto a ser utilizado por el Señor para desenmascarar las suposiciones de aquellos que se creen sabios?

❖ ❖ ❖ ❖ ❖ ❖ **CINCO** **APARIENCIA** ❖ ❖

··INTOLERANCIA···
¡Las hostilidades deben acabar!

Jesús levantó una polvareda, cuando afirmó: "Ama a tu prójimo —a todo tu prójimo".

La gente simplemente no podía (quizás sería una mejor palabra no quería) aceptar este requerimiento. Después de 2.000 años, mucha gente aún no quiere aceptar este llamado.

"¿Tú quieres decir que hay que amar a todo el mundo?"

"Sí".

"¿Aun a la gente que en realidad no te gusta?"

"¡Especialmente a aquellos que en realidad no te gustan!

"Pero, ¡eso no es natural!"

"Porque Él mismo es nuestra paz, quien de ambos pueblos hizo uno, derribando la pared intermedia de separación".
(Efesios 2:14)

Manuel y Leonardo ríen en su primer encuentro.

Manuel: "Yo pensé que él era un estúpido embaucador. ¡Yo no quería nada con él!"

Leonardo: "Recuerdo que pensé '¡Oh, qué bien! Voy a vivir al lado de un excéntrico!' Su cabello más bien largo, y tenía —si podemos decir así— diferentes gustos musicales".

Es algo bueno que los muchachos no se apeguen a su primera impresión.

En el último año, ellos han llegado a ser amigos de confianza.

Clasificar: ¡Fácil... y falso!

EXAMINA: Somos expertos en clasificar. Vemos a alguien. Rápidamente examinamos su apariencia y/o su conducta. Hacemos un juicio, rápido, lo clasificamos y luego si es de una categoría amenazante o diferente lo descartamos de inmediato.

¡Qué fácil... qué conveniente... qué equivocado!

¡Tal intolerancia casi impide que Natanael encontrara a Cristo!

"Felipe encontró a Natanael y le dijo: Hemos hallado a aquel de quien escribió Moisés en la ley, y *también* los profetas, a Jesús de Nazaret, el hijo de José. Y Natanael le dijo: ¿Puede algo bueno salir de Nazaret? Felipe le dijo: Ven y ve" (Juan 1:45-46).

Afortunadamente, Natanael fue más allá de las conjeturas. Y porque lo hizo, encontró un amigo y un Salvador (Juan 1:49) en Jesucristo.

REFLEXIONA: El mundo dice: "¡Las primeras impresiones lo son todo!" Cristo dice que debemos ir más allá de las apariencias (1 Samuel 16:7) con el fin de apreciar el carácter único de cada individuo. ¿Estás echando de menos una gran amistad potencial por haberla juzgado erróneamente?

PRACTICA: Haz un listado de las categorías que usas para clasificar a las personas en tu colegio o en tu iglesia. ¿Qué características crees que te asignan o te atribuyen a ti? Lee Gálatas 3:26-28. ¿Qué indica este pasaje en relación con clasificarr a los demás?

Acércate hoy a alguien de una categoría diferente a la tuya. Mira más allá del hecho superficial de que él sea un excéntrico, un embaucador, un intelectual, un tonto, etc. Trata de llegar a conocer a la persona real detrás de las apariencias.

GRABA: Ve un ejemplo en el cual clasificar ha tenido consecuencias devastadoras —MARCOS 6:1-6.

■■■■■■ UNO **INTOLERANCIA**

Los juicios correrán

Ángela es la autonominada juez de la Academia de Quinnsworth.

Algunas de sus más recientes decisiones en "el tribunal" son:

• "No veo cómo un buen cristiano es capaz de ir a un restaurante donde sirven alcohol".

• "Una vez fui a esa iglesia y déjenme decirles ¡esa gente es rara!

• "En lo que a mí respecta, cualquiera que malgaste su tiempo escuchando esa clase de música, tendrá grandes problemas".

EXAMINA: Esgrimiendo sus mazos invisibles, a muchos cristianos les gusta hacer juicios sobre todos los errores o fallas que creen ver en los demás.

La Biblia previene contra estas conductas intolerantes:

"Sólo hay un dador de la ley y juez, que es poderoso para salvar y para destruir; pero tú, ¿quién eres que juzgas a tu prójimo?" (Santiago 4:12).

"Por consiguiente, ya no nos juzguemos los unos a los otros" (Romanos 14:13).

Somos expertos en encontrar fallas en los demás y somos un fracaso para aceptarlos (Romanos 15:7).

REFLEXIONA: Juzgar a otros con frecuencia es orgullo disfrazado. Vemos a alguien cuya conducta quizás no está errada sino que simplemente hace algo que tal vez nosotros no podemos hacer. Con una frase cuidadosamente elaborada, no sólo destruimos a esa persona sino que también nos elogiamos a nosotros mismos.

Por ejemplo: "Estoy realmente preocupado por él... ha faltado al grupo juvenil tres veces seguidas". Lo cual quiere decir: "Yo no tengo por qué preocuparme, pues, yo sí he asistido todas las semanas. ¡Soy tan bueno!"

PRACTICA: ¡Cesa de juzgar! Cada vez que te encuentres juzgando los motivos que otros tienen para actuar:

1. Recuerda que sólo Dios conoce los motivos que hay en el corazón de cada individuo (1 Corintios 4:5).

2. Recuerda que un día te tendrás que poner de pie delante de Cristo (Romanos 14:10).

3. Deja de centrar tu atención en los demás y concéntrate en tus propias responsabilidades ante Dios.

Una regla de oro para tener en cuenta: En asuntos donde la Palabra de Dios es clara no hay debate; sin embargo, en las áreas oscuras de la vida debemos ser tolerantes, permitiendo a los demás admitir su culpa bajo la dirección del Espíritu Santo.

GRABA: Lee Mateo 7:1-5.

Ora por esta intención:

DOS

143

Raimundo Valdés, de 14 años, es un cristiano comprometido, buen estudiante y un excelente jugador de béisbol. Él es amistoso y alegre con todos los que le rodean. Es negro. Hace un mes, la familia de Valdés se trasladó a un barrio de gente blanca.

Desde ese momento, su perro fue envenenado e insultos racistas han sido escritos en la puertas del garaje.

Anoche, alguien les destruyó el buzón. "No entiendo", susurró Raimundo. "¿Qué hemos hecho para merecernos esto?"

El veneno del prejuicio

EXAMINA: ¿Qué es lo malo del prejuicio? ¡Todo!

• Falla al no tener en cuenta que todas las personas tienen dignidad y valor por el hecho de haber sido creadas a la imagen de Dios (Génesis 1:26-28).

• Se olvida, en un sentido general, que todos estamos relacionados (Génesis 5:3-5; Hechos 17:26).

• Proviene del orgullo, está basado en el odio y es el combustible del miedo. (Ester 3:1-6; Juan 4:4-9).

• Pasa por alto el hecho de que la familia de Dios incluye a los hombres de todas las razas y culturas.

"Después de esto miré y vi una gran multitud, que nadie podía contar, de todas las naciones, tribus, pueblos y lenguas, de pie delante del trono y delante del Cordero, vestidos con vestiduras blancas y con palmas en las manos" (Apocalipsis 7:9).

REFLEXIONA: Imagina que tienes problemas con el auto en la autopista. De pronto un auto se acerca. El chofer es un muchacho alto de un tipo racial diferente al tuyo. Se dirige hacia ti. ¿Qué pasa por tu mente? ¿Qué sucedería si la persona fuera de tu mismo color? ¿Te sentirías mejor? ¿Qué te dice ese hecho de ti? ¿Siendo que Dios parece ser ciego en cuanto al color, por qué nosotros estamos tan obsesionados con el color de la piel?

PRACTICA: Si eres víctima del prejuicio, que te conforte el hecho de saber que Jesús sabe cómo te sientes. Él también fue rechazado, objeto de frecuentes insultos (Juan 1:46; 10:19-20; Marcos 6:1-6).

Si piensas que puedes tener un problema a causa de prejuicios (racial o de otra índole), ora así: "Señor, cambia mi corazón. Dame amor para todos, especialmente para aquellos que son diferentes a mí. Amén".

GRABA: Lee sobre el prejuicio económico —Santiago 2:1-4.

■■■■■■■ **TRES** **INTOLERANCIA**

Adiós al fanatismo

Tan pronto como Jorge y su hermana pasan en auto por la casa de los Valdés (ver la historia del día 3), Jorge comienza a echar pestes.

"¡Está bien, sé que probablemente yo tengo algún prejuicio pero nunca haría algo como eso!"

"¡Se supone que en este barrio todos somos civilizados, y que además estamos en el siglo veinte! ¿A quién le importa si los Valdés son negros?

Pamela, mueve la cabeza y dice: "Es obvio que a algunas personas sí les importa".

"Bueno", dice Jorge, "me hace sentir mal saber que en parte tengo prejuicios".

Pamela se encoge de hombros y dice: "Yo también, pero ¿cómo podríamos cambiar?"

EXAMINA: No teman, Pamela y Jorge. La palabra de Dios tiene muchas ideas sobre cómo responder a los prejuicios.

1. Debemos mirar a Cristo. Sólo Él puede derribar las barreras que separan a los individuos y las razas (Efesios 2:11-12).

2. Debemos estar dispuestos a ser amigables con aquellos que son diferentes. (En Hechos 9:43, leemos sobre el caso de Pedro que se hospedó en casa de un judío que curtía pieles para ganarse la vida. La mayoría de los judíos no se habrían acercado a una persona que trabajara con pieles y cueros de animales y ¡mucho menos hospedarse en su casa!

3. Deberíamos ser capaces de decir como Pedro dijo: "Ciertamente *ahora* entiendo que Dios no hace acepción de personas, sino que en toda la nación el que le teme y hace lo justo, le es acepto" (Hechos 10:34-35).

4. Debemos recriminar a aquellos que son intolerantes (Gálatas 2:11-14).

REFLEXIONA: Si tuvieras un amigo de una raza distinta que está siendo perseguido, ¿cómo reaccionarías?

¿Qué crees que piensa Jesús de esos individuos que están tratando de hacer que los Valdés se vayan del vecindario?

¿Cuál es el mayor acto de prejuicio que has cometido? ¿Por qué crees que lo hiciste?

PRACTICA: He aquí algunas formas prácticas para superar el fanatismo:
- Pídele a Dios que te ayude a cambiar tus actitudes.
- Almuerza con alguien de una raza diferente.
- Visita una iglesia de diferentes grupos étnicos.
- Lee alguna revista que exprese diferentes puntos de vista culturales o raciales.

GRABA: Lee acerca de cómo Dios destruye los prejuicios religiosos, en Hechos 11:1-18.

Ora por esta intención:

CUATRO

■ ■ ■ ■ ■

Sabes qué? Pasados unos tres meses, la policía arrestó a tres hombres a quienes acusó de pintar los insultos raciales en el garaje de los Valdés. El más joven de los sospechosos al fin firmó una confesión en la cual admitía todo —incluso haber envenenado el perro de los Valdés.

Pero, entonces, algo maravilloso sucedió. El señor Valdés rehusó presentar los cargos.

"No es necesario. Esos hombres tenían mi perdón desde hace mucho tiempo. Lo único que quiero es vivir en paz aquí con mi familia. Por favor, eso es todo lo que quiero".

¡Sé misericordioso —no despiadado!

EXAMINA: El caso del señor Valdés no es poco usual. La mayoría de la gente en su situación estaría clamando justicia. Pero la Biblia gentilmente nos recuerda una forma más tolerante.

1. Nuestro Padre del cielo es misericordioso (Miqueas 7:18).

2. Nosotros tenemos que ser como nuestro Padre celestial. "Sed, pues imitadores de Dios como hijos amados" (Efesios 5:1).

3. Por eso, debemos ser misericordiosos con los demás. "Sed misericordiosos, así como vuestro Padre es misericordioso (Lucas 6:36).

REFLEXIONA: Misericordia significa amar y aceptar a los demás aunque ellos no lo merezcan. Ello significa pasar por alto sus limitaciones y diferencias.

Uno no puede tener prejuicios y ser fanático y al mismo tiempo ser misericordioso. Como el agua y el aceite, la intolerancia y la misericordia simplemente no se mezclan.

¿Eres tú una persona misericordiosa? ¿Podrías haber hecho lo que hizo el señor Valdés? ¿Lo habrías hecho?

Si Dios rehusara repentinamente tratarnos con misericordia, ¿dónde estaríamos nosotros?

PRACTICA: Practica hoy la misericordia:

• Perdona a ese miembro de la familia que recientemente hirió tus sentimientos.

• Resiste la urgencia de golpear a aquel compañero que lo haya hecho contigo.

• Rehúsa contestar cuando alguien hable mal de ti.

• Muestra compasión por alguien que se encuentre atrapado en el pecado.

¡No esquives a esa gente! Al contrario, déjales ver el amor de Cristo.

GRABA: Lee Mateo 5:7 hoy. El sábado, examina el momento en que Pablo fue calificado erróneamente —Hechos 28:1-6. Luego, el domingo, piensa en las implicaciones de Lucas 6:27-35.

• • • • • • CINCO **INTOLERANCIA**

RACISMO

Escenario No. 1: Un empleador rehúsa alquilar un cuarto a Santiago simplemente porque es negro. ¿Es esto *racismo*?

Escenario No. 2: Otro empleador diferente rehúsa alquilarle a Julio simplemente porque es blanco. ¿Es eso *racismo*?

Escenario No. 3: Un tribunal superior prescribe que debe darse tratamiento preferencial en prácticas de alquiler de vivienda a un grupo racial sobre otro. ¿Es eso *racismo*?

¿Qué es racismo? Puesto así simplemente, el racismo es una forma de prejuicio (juicio apriori) basado solamente en la raza. Si tú actúas de cierta manera hacia una persona simplemente porque pertenece a una raza diferente, tú eres culpable de racismo.

Las raíces del racismo: La mayoría de nosotros estamos alrededor de otros con quienes tenemos muchas cosas en común. Esto no es necesariamente erróneo.

Dos personas de diferentes razas tienen *un aspecto* diferente. Lo que es más, ya que las diferentes razas algunas veces tienen diferentes tradiciones culturales y sociales, dos personas de diferentes razas pueden pensar y actuar de manera diferente en ciertas situaciones. Estas diferencias pueden hacer que la gente se sienta incómoda unos con otros. Tampoco esto es necesariamente erróneo, el racismo se da cuando permitimos que esas diferencias (tanto reales como imaginarias) nos dividan injustificadamente. El racismo dice: "Si una persona es diferente, debe ser inferior. Yo, y el resto de mi clase, merecemos un mejor tratamiento". ¿Es esa una actitud bíblica?

La Biblia y el racismo: *T*odas las personas han sido creadas a imagen de Dios (Génesis 1:26-27); por consiguiente, deberíamos tratar a cada persona que Dios coloca en nuestras vidas con respeto y dignidad, sin mirar su raza.

Jesús demostró esta verdad en su vida. Él se acercó amorosamente a una mujer samaritana en el momento en que los judíos odiaban a los habitantes de Samaria. (Ellos eran despreciados por su descendencia mixta.)

Nuestro Señor nos mostró que las diferencias —sean culturales, étnicas o raciales— no deben fomentar el racismo. Sigamos el ejemplo de Cristo a la vez que recordamos esta gran declaración: *"Pues todos sois hijos de Dios mediante la fe en Cristo Jesús.... No hay judío ni griego; no hay esclavo ni libre; no hay hombre ni mujer; porque todos sois uno en Cristo Jesús"* (Gálatas 3:26-28).

LOS MÁS GRANDES EVENTOS

EN LA HISTORIA DEL MUNDO

Creación

Adán y Eva pecan
en el huerto del
Edén

Invención de
la rueda

Moisés recibe los Diez
Mandamientos en el
Monte Sinaí

Nacimiento de
Jesucristo

Muerte, entierro y
resurrección de
Cristo

La Edad Media

Segunda Guerra
Mundial

Caída del muro de
Berlín

Un lector de esta
página cree en
Jesucristo y alcanza
la vida eterna

Segunda venida de
Jesucristo

Nuevos cielos
y nueva tierra

Ha habido grandes acontecimientos en la historia de este viejo mundo, tantos que es imposible hacer una lista en esta página. Y algunos de los más grandes acontecimientos están aún por llegar... como puede ser tu propia salvación.

¿Alguna vez le has pedido a Cristo que perdone tus pecados y que sea tu Salvador? Si no, hazlo ahora mismo, hoy.

¡Vamos, adelante, haz algo para la historia!

RELIGIONES DEL MUNDO

¿Cuántos caminos para llegar a Dios?

El género humano es increíblemente religioso. No importa dónde vayas, creer en un Ser Supremo es la regla y no la excepción. En toda cultura observamos hombres y mujeres que luchan por entender, conocer y servir a su Creador. Pero hay grandes diferencias también —sistemas religiosos en conflicto que suscitan preguntas inquietantes.

¿Quién tiene razón? ¿Quién está equivocado? ¿Hay muchos caminos para llegar a Dios? ¿Y eso realmente importa?

"Y en ningún otro hay salvación, porque no hay otro nombre bajo el cielo dado a los hombres, en el cual podamos ser salvos". (Hechos 4:12).

149

¡El explosivo mundo del Islam!

Anoche en la televisión había un reporte especial sobre los acontecimientos que tenían lugar en el mundo árabe. El reportero hacía referencia a "La revolución islámica". Hoy, Rosa y su hermanita Ana ven a una mujer musulmana en el autobús. Ella lleva un velo que le cubre la cara y la cabeza.

Señalándola, Ana dice abruptamente: "¡Mira a esa mujer tan rara!"

"¡Ana no señales!", masculló Rosa apenada.

EXAMINA: El libro sagrado del Islam, llamado Qur'an (o Corán), enseña algunos preceptos que incluso los cristianos profesamos —la existencia de un Dios todopoderoso y bueno (que ellos llaman Alá); la realidad de ángeles y demonios y la doctrina de un juicio final.

No obstante, los musulmanes consideran a Jesús como un simple profeta al mismo nivel que Abraham, Moisés y Mahoma. Proclaman que Cristo no murió, (la muerte es un signo de fracaso y los profetas no fracasan).

Más aun, los musulmanes niegan que Jesús fuera Dios encarnado. Sin embargo, la Biblia claramente afirma que Jesús es Dios.

"Pero del Hijo dice: Tu trono, oh Dios, es por los siglos de los siglos; y el cetro de tu reino es cetro de equidad" (Hebreos 1:8).

"En el principio existía el Verbo, y el Verbo estaba con Dios, y el Verbo era Dios" (Juan 1:1).

REFLEXIONA: Un vistazo sobre el islamismo.

• El término *Islam* se deriva de la palabra árabe que significa "compromiso" o "entrega".

• El islamismo tiene sus raíces en Mahoma que nació en la Meca (Arabia), año 571 A.C.

• Los musulmanes devotos (es decir los seguidores del islamismo) son muy moralistas. Oran cinco veces al día, dan limosnas regularmente para obras de caridad; condenan el adulterio, el divorcio y la usura.

• Igual que el cristianismo tiene diversas denominaciones, el islamismo también tiene diferentes grupos. Los dos grupos más importantes son los musulmanes sunní y los chiítas.

PRACTICA: Ora por aquellos misioneros que trabajan entre los pueblos musulmanes por su seguridad y su fortaleza, y para que encuentren corazones abiertos entre aquellos que escuchan el Evangelio.

GRABA: Observa que los soldados presentes en la crucifixión comprobaron la muerte de Jesús —Juan 19:31-34.

✳ ✳ ✳ ✳ ✳ ✳ UNO # RELIGIONES DEL MUNDO ✳ ✳ ✳ ✳ ✳ ✳ ✳

Cuando los karmas atropellan los dogmas

Elena está impresionada al ver en la clase de geografía una película sobre la India.

Ella ve el ganado deambulando y paseándose libremente por las concurridas calles de Calcuta. Repara en la gente que está bebiendo y bañándose en las aguas sucias del río Ganges.

Contempla cantidades de gurús que son venerados y ve también a la gente pobre que es ignorada en las calles.

"No puedo entender. ¿Por qué viven de esa manera?"

La respuesta es: Hinduismo.

EXAMINA: Además de creer en un dios altísimo (llamado Brahmán, "el absoluto"), los hindúes creen también en más de 330 millones de dioses menores. Sin embargo, la Biblia afirma: "Así dice el Señor, el Rey de Israel, y su Redentor, el Señor de los ejércitos: "Yo soy el primero y yo soy el último, y fuera de mí no hay Dios" (Isaías 44:6).

Además, el hinduismo enseña tres caminos para la salvación: conocimiento, práctica de las observancias religiosas y devoción a los dioses.

Esto está en contradicción con el cristianismo que enseña que la salvación es un regalo de Dios que podemos recibir, pero nunca ganar.

"Él nos salvó, no por obras de justicia que nosotros hubiéramos hecho, sino conforme a su misericordia, por medio del levantamiento de la regeneración y de la renovación por el Espíritu Santo" (Tito 3:5).

REFLEXIONA: ¿Conoces lo siguiente?
• El hinduismo comenzó hace más de 3.000 años.
• Los libros sagrados de los hindúes se llaman los Vedas
• Hay alrededor de 500 millones de hindúes en el mundo.
• El yoga es la disciplina espiritual utilizada por los hindúes para ayudarlos a unir su alma (llamada *atman*) con el alma del mundo (*paramatman*).
• Karma es la palabra usada para describir la ley universal de causa y efecto. Por ejemplo, un mal karma significa castigo por hechos malos realizados en una vida anterior o reencarnación.

PRACTICA: ¿Hay alguien a quien tú conoces que está involucrado con el yoga? Atención, no es un simple ejercicio mental. Lee algo en relación con este tema y conoce sus consecuencias. Como un preludio a la evangelización, interroga a tus compañeros de clase y mira cuántos de ellos creen en la reencarnación.

GRABA: Compara la creencia hindú sobre la reencarnación con Hechos 9:27.

Ora por esta intención:

✳ ✳ ✳ ✳ ✳ DOS

El tipo de la gran barriga redonda

Mientras espera para que le corten el pelo, Timoteo está hojeando algunas revistas. Sus ojos captan un artículo que ha salido recientemente sobre la cantante Tina Turner y el actor Richard Gere y algunas otras celebridades que se han convertido al budismo.

"Hummm", piensa Timoteo. "¿No es Buda el tipo con la gran barriga redonda?"

EXAMINA: Los budistas creen que la meta de la existencia humana es escapar de este mundo de sufrimiento a través del *nirvana* —literalmente un "apagar" de la llama a lo largo de la vida con sus deseos y pasiones. Los budistas estrictos a menudo llevan una vida moral de sacrificio. Pero su estilo de vida recuerda el pueblo descrito en la frase bíblica "teniendo apariencia de piedad, pero habiendo negado su poder; a los tales evita" (2 Timoteo 3:5).

Más aun, el budismo rechaza la necesidad de Dios. Está basado ampliamente en el esfuerzo humano que es un cimiento inadecuado. "Pues nadie puede poner otro fundamento que el que ya está puesto, el cual es Jesucristo" (1 Corintios 3:11).

REFLEXIONA: El fundador del budismo fue Siddhartha Gautama quien vivió (creen los eruditos) entre los años 563 a 483 a.C, en lo que es ahora Nepal.

• El libro sagrado de los budistas es el *Tripitaka* y el *Dhammapada*.

• La palabra Buda significa "el iluminado".

• El budismo tiene dos ramas: *Terevada* es la más antigua. Declara que la iluminación es posible solamente para los monjes, y *Mahayana*, es más popular. Abre el camino de la iluminación a todos.

• Como los hindúes, los budistas creen en la reencarnación.

• El budismo alcanza más de 200 millones de adeptos.

PRACTICA: Aunque sus soluciones son falsas, los budistas reconocen correctamente los problemas causados por los anhelos y las pasiones humanas.

¿Están los impulsos pecaminosos manejando salvajemente tu vida? ¿Estás haciendo cosas que pueden causarte gran sufrimiento? (Gálatas 6:7). Aléjate de esas ideas y acciones. Comprométete con el Señor.

GRABA: Lee sobre la única verdadera liberación en esta época de maldad —Gálatas 1:3-4.

✳✳✳✳✳✳ TRES **RELIGIONES DEL MUNDO** ✳✳✳✳✳✳✳✳

Qué pensar acerca de los judíos

En una venta callejera del centro de la ciudad, Ester, judía, y Cándida pasan cerca de un hombre que está parado en una acera concurrida, tocando una guitarra y cantando a pleno pulmón.

En su camisa se lee: "Judíos por Jesús". Cerca de él dos personas están hojeando la literatura disponible. "Oye", dice Cándida a Ester. "Yo no sabía que ustedes creían en Jesús".

"Nosotros no", dice Ester con un gesto de desaprobación en sus hombros. "¡Al menos, yo no!"

EXAMINA: Los judíos devotos y los cristianos tienen mucho en común. Ambos creen en el Santo, eterno, omnisciente y todopoderoso Dios de la Biblia. Ambos creen que el Antiguo Testamento es la Palabra de Dios.

La diferencia más aguda entre cristianos y judíos está en relación con Jesús de Nazaret. El judaísmo lo reconoce como un gran maestro y aun un profeta. Pero Jesús afirma ser mucho más que eso.

"Entonces el sumo sacerdote, levantándose, le dijo: ¿No respondes nada? ¿Qué testifican éstos contra ti? Mas Jesús callaba. Y el sumo sacerdote le dijo: Te conjuro por el Dios viviente que nos digas si tú eres el Cristo, el Hijo de Dios. Jesús le dijo: Tú mismo lo has dicho" (Mateo 26:63-64).

REFLEXIONA: Los 12 millones de judíos que hay en el mundo pertenecen a tres movimientos primordiales dentro del judaísmo: ortodoxos, reformistas o conservadores.

Los judíos ortodoxos siguen la ley de manera estricta. Los de la reforma son más liberales, sin hacer tanto énfasis en ritos particulares y con normas éticas más amplias. Los conservadores tratan de encontrar un punto medio entre los dos.

Un pequeño porcentaje de judíos, reconocen a Jesús como el Mesías. Estos judíos cristianos son conocidos como judíos mesiánicos.

PRACTICA: ¿Tienes amigos o vecinos judíos?

1. Ora por esos individuos —que Dios mismo les muestre la verdad de nuestro Señor Jesucristo.

2. Pregunta si puedes asistir a la sinagoga con ellos. Luego, invítalos a tu iglesia o a tu grupo.

3. No los condenes. En vez de ello, aprende y enséñales que Jesús cumplió las profecías del Antiguo Testamento. Luego, diles cómo Cristo ha cambiado tu vida.

GRABA: ¿Podrías decir que Jesús llena la descripción del Mesías profetizado en Isaías 53?

Ora por esta intención:

CUATRO

❋ ❋ ❋ ❋ ❋ ❋

La cabeza le está dando vueltas a Carlos mientras lee en el libro de sociología sobre la unidad en la religión —confucionismo, taoísmo, sintoísmo, jansenismo, sikhismo, parsismo, y unas cuantas páginas sobre variadas creencias religiosas entre algunas tribus.

"¡Uh!", piensa, "¡miren todas estas diferentes religiones! ¡No importa donde vayas, alguien tiene un 'ismo' diferente!'"

¡Mira todos esos "ismos"!

EXAMINA: Lo que separa las diferentes religiones del mundo del cristianismo bíblico es la persona de Jesucristo.

• Es el único que puede llevarnos directamente a Dios. Jesús contestó: "Yo soy el camino, y la verdad, y la vida; nadie viene al Padre sino por mí" (Juan 14:6).

"Porque hay un solo Dios y también un solo mediador entre Dios y los hombres, Cristo Jesús" (1 Timoteo 2:5).

• Sólo Él murió por los pecados de la humanidad "Porque mientras aún éramos débiles, a su tiempo Cristo murió por los impíos" (Romanos 5:6).

"Porque yo os entregué en primer lugar lo mismo que recibí: que Cristo murió por nuestros pecados, conforme a las Escrituras" (1 Corintios 15:3).

• Los hombres y las mujeres más sabios lo escuchan.

"Jesús respondió: Tú dices que soy rey. Para esto yo he nacido y para esto he venido al mundo, para dar testimonio de la verdad. Todo el que es de la verdad escucha mi voz (Juan 18:37).

REFLEXIONA: Lee en la enciclopedia, sobre una de las religiones antes citadas. ¿Qué, en tu opinión, atrae a la gente hacia ellas? ¿Qué le dirías a esa persona? ¿Qué le dirías a una persona con esos antecedentes acerca de Cristo?

PRACTICA: ¿Quieres saber algo más acerca de las diversas religiones del mundo? Examina *"Un libro de creencias"*, de John Allan, John Butterworth y Myrtle Langley o *"¿Cuál es la diferencia?"*, por Fritz Ridenour. Si quieres saber cómo responder a aquellos que tienen diferentes credos, lee *"La actitud de los cristianos hacia las religiones del mundo"*, por Ajith Fernando.

GRABA: Lee 1 Pedro 2:24. El sábado, lee Hebreos 9:11-28 y el domingo Mateo 7:15-23.

✳ ✳ ✳ ✳ ✳ ✳ CINCO # RELIGIONES DEL MUNDO ✳ ✳ ✳ ✳ ✳ ✳ ✳ ✳

SECRETOS

¿Quieres conocer un secreto?

Pisst! ¿Puedes guardar un secreto? ¿Prometes no decir nada? Yo nunca le diré a nadie esto, pero... ? Algunas veces guardar un secreto es bueno. Como cuando un amigo comparte contigo algún aspecto personal y tú prometes no contarlo a nadie más.

Pero algunas veces guardar secretos no es tan bueno. Como cuando tú has pecado y tratas de ocultar tu pecado a Dios.

O como cuando mantienes el Evangelio sin darlo a conocer a los demás. ¿Sabes cuándo guardar un secreto y cuándo no?

"Y tu padre, que ve en lo secreto, te compensará".
(Mateo 6:4)

155

Ningún secreto con Dios

Juan se dirige hacia el pasillo, se detiene y escucha. El único ruido en toda la casa proviene de la planta baja —el sonido de su mamá al vaciar el lavaplatos—. Él camina en puntillas hacia el cuarto de sus padres. No hay nadie.

Dirigiéndose rápidamente al vestidor de su padre, Juan abre silenciosamente la gaveta inferior.

Pasando por entre los calcetines, con energía abre una caja vieja de cigarros llena de dólares plateados. Con el corazón latiéndole aceleradamente, toma cuatro de las monedas.

"¡Se dará cuenta?", Juan está preocupado. "¡Ah, han quedado cincuenta. Pero para estar a salvo, devolveré una".

EXAMINA: Podemos ser capaces de esconder nuestros pensamientos y acciones malvados de los demás, pero la Biblia es clara al afirmar que no hay secretos para Dios.

"Si nos hubiéramos olvidado del nombre de nuestro Dios, o extendido nuestras manos a un dios extraño, ¿no se habría dado cuenta Dios de esto? Pues Él conoce los secretos del corazón" (Salmo 44:20-21).

"Has puesto nuestras iniquidades delante de ti, nuestros pecados secretos a la luz de tu presencia" (Salmo 90:8).

Dios no sólo conoce nuestros pecados más recónditos, sino que Él también los juzgará un día. El apóstol Pablo, escribiendo a la iglesia de Roma, habla del día que vendrá cuando "Dios juzgará los secretos de los hombres mediante Cristo Jesús" (Romanos 2:16).

REFLEXIONA: ¿Estás involucrado en alguna actividad "secreta" como:
- Copiar exámenes en el colegio.
- Ser complaciente en actividades sexuales.
- Robar y hurtar en tiendas y almacenes.
- Saquear a hurtadillas los bolsillos de tus padres.
- Mirar revistas o videos pornográficos.

¿Te hace sentir culpable saber que Dios ve claramente tus pensamientos y acciones secretas?

PRACTICA: ¿Si contestas que sí a cualquiera de estas preguntas (especialmente la última) la solución es clara. Tú necesitas dar estos pasos:

1. Admite ante Dios que tus acciones fueron erróneas. 1 Juan 1:9).

2. Manifiesta a Dios que tú quieres cambiar y que necesitas su fuerza para hacerlo (Filipenses 4:13).

3. Encuentra a un amigo cristiano en quien tú puedas confiar y con quien te pongas de acuerdo para ayudarte a superar tus "no tan secretos" pecados (Santiago 5:16-20).

GRABA: Lee Jeremías 22:23-24.

▲ ▲ ▲ ▲ ▲ UNO **SECRETOS** ▲ ▲

¡Es tiempo de unirte al servicio secreto!

Cristina, vas a la fiesta de Juan Carlos, el sábado en la noche?"

Cristina entorna los ojos: "Tengo ya otras cosas más importante que hacer".

"¡Oh! ¿Qué puede ser más importante que una fiesta?"

Cristina le da un tono altivo a su rostro.

"Bueno para los principiantes del servicio móvil de alimentos del grupo juvenil. Pero, claro, ¡Ustedes no se atreverían a dejar una noche de su apreciado tiempo para hacer algo bueno por los demás!"

EXAMINA: La Biblia nos recomienda no hacer alarde de nuestras buenas obras. "Cuidad de no practicar vuestra justicia delante de los hombres para ser vistos por ellos; de otra manera no tendréis recompensa de vuestro Padre que está en los cielos. Por eso cuando des una limosna, no toques trompeta delante de ti, como hacen los hipócritas en las sinagogas y en las calles, para ser alabados por los hombres. En verdad les digo que ya han recibido su recompensa. Pero tú cuando des limosna, que no sepa tu mano izquierda lo que hace tu derecha, para que tu limosna sea en secreto; y tu Padre, que ve en lo secreto, te recompensará.

Y cuando oréis, no seáis como los hipócritas, porque a ellos les gusta ponerse de pie y orar en las sinagogas y en las esquinas de las calles, para ser vistos por los hombres. En verdad os digo que ya han recibido su recompensa.

Pero tú, cuando ores, entra en tu aposento, y cuando hayas cerrado la puerta, ora a tu Padre que está en secreto, y tu Padre, que ve en lo secreto, te recompensará" (Mateo 6:1-6).

REFLEXIONA: ¿Por qué es tan difícil hacer algo bueno por alguien y mantener la boca cerrada?

PRACTICA: Únete al servicio "secreto de Dios" hoy.
- Cuando nadie te esté viendo, silenciosamente haz algún oficio de la casa que necesite hacerse.
- Escribe a tu profesor favorito una nota anónima alentadora.
- Da a una causa digna (un misionero, una comida benéfica, una familia en problemas) sin decírselo a nadie.

GRABA: Lee sobre los motivos malintencionados que hay detrás de las "buenas acciones" de los fariseos —Mateo 23:5-7.

Ora por esta intención:

▲ ▲ ▲ ▲ DOS

157

Carmen está en el centro de una situación enredada y compleja.

Siente como si sus padres no la entendieran, y ella no se atreve a discutir tal asunto importante con Melinda. (¡Si lo hiciera, su problema estaría en boca de toda la escuela durante el almuerzo.)

Finalmente, Carmen decide hablar con Rebeca después de clases.

Ella piensa: "Los secretos que yo he compartido con Rebeca en el pasado nunca han vuelto a mí. Yo creo que puedo confiar en que ella mantendrá la boca cerrada".

¿Puedes guardar un secreto?

EXAMINA: Salomón, el rey sabio, repetidamente prevenía contra el hecho de romper una confidencia —en contra de ser un chismoso como Melinda.

• "El que anda en chismes revela secretos, pero el de espíritu leal oculta las cosas" (Proverbios 11:13).

• El hombre perverso provoca contiendas, y el chismoso separa a los mejores amigos" (Proverbios 16:28).

• "El que cubre una falta busca afecto, pero el que repite el asunto separa a los mejores amigos" (Proverbios 17:9).

REFLEXIONA: ¿Alguna vez has compartido con alguien un secreto íntimo y profundo para encontrar más tarde que tu confidente lo ha contado a unas 500 personas? Es desagradable, ¿no es cierto? (¿Y, tú qué?) ¿Eres más como Rebeca o como Melinda? Es decir, ¿puede alguien confiarte sus secretos? o, ¿confiar en ti es como transmitirlo por radio en la escuela? Míralo de esta forma: ¿Cómo te sentirías si los demás guardaran tus secretos en la misma forma en que tú guardas los de ellos?

PRACTICA: Si tienes fama de hablar, concerta hoy una cita para excusarte ante alguien cuyo secreto o confidencia hayas violado. Simplemente di: "Oye, tú me confiaste ____ ____ , y yo te prometí que no lo comentaría con nadie pero lo hice. Fue un error. Lo siento, pero no volverá a suceder. Por favor ¿quieres perdonarme?"

Luego haz todo lo posible para llegar a ser conocido como una persona que mantiene su palabra. Si le prometes a alguien sellar tus labios ¡no rompas tu promesa! si tú sabes que serás tentado a contar un determinado secreto, ni siquiera escuches la información que es confidencial.

GRABA: Sé cuidadoso de no compartir tus secretos con un chismoso. Lee Proverbios 20:19.

▲ ▲ ▲ ▲ ▲ TRES **SECRETOS** ▲ ▲ ▲

¡No más discípulos secretos!

Ricardo está comiendo pizza con algunos compañeros de su equipo de fútbol. De pronto, uno de ellos dice: "¡Cuídense! ¡Acaba de llegar el santo José!

Ricardo levanta la mirada y observa a José Rodríguez, su líder juvenil, que está hablando con algunos estudiantes.

Inmediatamente, los compinches de Ricardo comienzan con la bromas y las humillaciones.

Ricardo, que debería defender a José, y aun hacerles conocer a sus compañeros su posición, no tiene el coraje de hacerlo. En efecto, cuando José mira a los jugadores, ¡Ricardo mira para otro lado tratando de esquivarle la mirada!

EXAMINA: Seguir a Jesús en secreto no es una tendencia nueva.

• "Sin embargo, muchos, aun de los gobernantes, creyeron en Él, pero por causa de los fariseos no lo confesaban, para no ser expulsados de la sinagoga. Porque amaban más el reconocimiento de los hombres que el reconocimiento de Dios" (Juan 12:42-43).

• "Después de estas cosas, José de Arimatea, que era discípulo de Jesús, aunque en secreto por miedo a los judíos, pidió permiso a Pilato para llevarse el cuerpo de Jesús. Y Pilato concedió el permiso. Entonces él vino y se llevó el cuerpo de Jesús. Y Nicodemo, el que antes había venido a Jesús de noche vino también, trayendo una mezcla de mirra y áloe como de cien libras" (Juan 19:38-39).

REFLEXIONA: ¿Puedes relacionar con lo anterior la situación de Ricardo? ¿Cómo reaccionarías en una situación similar? ¿Por qué será tan difícil en algunas ocasiones defender la causa de Jesús?

PRACTICA: Da un paso hoy para que los demás conozcan de tu fe en Jesucristo.

Primero, ora para tener la audacia. Segundo, intenta uno o más de los siguientes puntos:

1. Invita a un amigo a la iglesia.
2. Lleva una Biblia o una revista cristiana a tu escuela.
3. Anima a un amigo no cristiano a escuchar tu grabación favorita.
4. Busca oportunidades normales para hablar acerca de lo que tú crees. Luego sin que sea un sermón, simplemente comparte lo que Cristo significa para ti.
5. Habla directamente de las cosas que está haciendo tu grupo juvenil.
6. Únete a un club cristiano en tu escuela. (¡Si no lo hay, inicia uno!)

GRABA: Lee sobre el riesgo de ser un discípulo secreto de Jesús —Mateo 10:32-33.

Ora por esta intención:

▲ ▲ ▲ ▲ CUATRO

El verano pasado Amanda participó en una misión y condujo a cuatro personas a Cristo. En este otoño, ella ha representado un papel importante al comprobar cómo dos de sus mejores amigos han puesto su fe en Jesús.

¿Cómo puede ser tan audaz?

"No creo que yo sea tan osada. Simplemente es una bendición del Señor. Es decir, que si, por ejemplo, yo hubiera encontrado la cura para el cáncer, tú puedes estar segura que yo le diré a todos que la encontré. Pues bien, yo he encontrado la cura para el cáncer —el cáncer espiritual—. ¿Cómo puedo guardarla para mí?

¡Anímate y cuéntaselo a todos!

EXAMINA: Durante un período especialmente triste de su historia, Israel estuvo en medio de una guerra y una horrible hambruna.

"Y había cuatro leprosos a la entrada de la puerta, y se dijeron el uno al otro: ¿Por qué estamos aquí sentados esperando la muerte? Si decimos: "Entraremos en la ciudad", como el hambre está en la ciudad, moriremos allí; y si nos sentamos aquí, también moriremos. Ahora pues, vayamos y pasemos al campamento de los arameos. Si nos perdonan la vida, viviremos; y si nos matan, pues moriremos" (2 Reyes 7:3-4).

Imagina la sorpresa cuando los cuatro hombres descubrieron el campo enemigo vacío. Dios había permitido a los arameos huir durante la noche dejando detrás todos sus alimentos y provisiones.

Los leprosos celebraron su buena suerte aunque este sentimiento los atormentaba: "No estamos haciendo bien. Hoy es día de buenas nuevas, pero nosotros estamos callados.... Vamos pues, ahora, y entremos a dar la noticia a la casa del rey (2 Reyes 7:9).

REFLEXIONA: Algunas cosas necesitan guardarse de manera confidencial, pero no las buenas nuevas. ¡Las buenas nuevas son para compartirse!

¿Te has estado guardando la buena nueva del amor de Dios para ti solo?

PRACTICA: Comienza contando a los demás la historia del amor de Cristo por el mundo y su muerte en la cruz.

Compra una variedad de folletos sobre el evangelio en una librería cristiana local. Obséquiales a tus amigos y diles algo así como: "Este folleto resume lo que yo creo sobre Dios. Dime lo que piensas acerca de Él. Ojéalo y lo discutimos mañana, ¿te parece bien?

Luego ora como loco y ¡observa el trabajo de Dios!

GRABA: Lee Hechos 1:8. El sábado, lee Romanos 1:14-17 y el domingo, lee detenidamente y reflexiona en Romanos 10:13-15.

▲ ▲ ▲ ▲ ▲ CINCO **SECRETOS** ▲ ▲ ▲

MUERTE

Dios en el camposanto

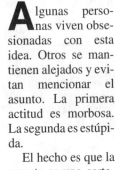

Algunas personas viven obsesionadas con esta idea. Otros se mantienen alejados y evitan mencionar el asunto. La primera actitud es morbosa. La segunda es estúpida.

El hecho es que la muerte es una certeza. A menos que Jesucristo regrese primero, tú morirás en un momento preciso en el futuro. Tal vez sea dentro de mucho tiempo... o quizás sea más pronto de lo que piensas. Pero morirás.

Así que prepárate ahora. Porque tú no puedes vivir verdaderamente hasta tanto no estés listo para morir.

"Pues ciertamente moriremos; somos como el agua derramada en tierra que no se vuelve a recoger". (2 Samuel 14:14)

El mito de la inmortalidad

A Pablo y a sus amigos les gusta vivir en vilo —ver cuánta velocidad y riesgo pueden acumular cada fin de semana.

Es por eso que esquían y aceleran su bote al máximo; hasta hacerlo saltar. Es la misma razón por la cual ellos van a hacer excavaciones durante la noche.

Cuando se trata de hablar seriamente con Pablo sobre reducir su temerario estilo de vida o sobre la posibilidad de serias heridas o muerte, él simplemente se ríe.

"¿Morir? ¡Hombre, si yo voy a vivir 120!"

EXAMINA: Hay muchos temas de los cuales la Escritura no es clara; sin embargo, la muerte no es uno de ellos. Cuando habla sobre el tema de la mortalidad, la Biblia expresa claramente que todos moriremos.

• "¿Qué hombre podrá vivir y no ver la muerte ? ¿Podrá librar su alma del poder del Seol?" (Salmo 89:48).

• "Todos van a un mismo lugar. Todos han salido del polvo y todos vuelven al polvo" (Eclesiastés 3:20).

• "No hay hombre que tenga potestad para refrenar el viento con el viento, ni potestad sobre el día de la muerte" (Eclesiastés 8:8).

REFLEXIONA: Unas pocas preguntas para ti:

1. ¿Piensas que la mayoría de tus amigos creen que van a morir?

2. ¿Por qué la gente se ve tan triste en los funerales?

3. ¿Has tenido que soportar alguna vez la pérdida de algún miembro de la familia o de un amigo cercano? (Si así fue, ¿cómo reaccionaste?)

4. ¿Por qué la mayoría de la gente le teme a la muerte?

PRACTICA: Trata de llevar a cabo alguno de estos experimentos:

Consíguete una copia del periódico local y localiza el obituario. Nota las edades de los que han fallecido. La mayoría probablemente eran ancianos, pero si vives en una ciudad más grande, podrás encontrar una nota que describa la muerte de alguien más joven quizás de algún adolescente. ¿Cómo te hace sentir?

Con un amigo o dos dirígete a un cementerio de la localidad, lee algunas de las lápidas. Busca las de algunas personas que vivieron una larga vida. Busca también otras de personas que vivieron poco tiempo. Imagina cómo fueron sus vidas, y qué estaban haciendo cuando exhalaron el último suspiro. Piensa en tu propia vida y cuánto tiempo (o quizás no) te queda.

GRABA: Lee Job 30:23 y el Salmo 49:10.

▸ ▸ ▸ ▸ ▸ ▸ UNO **MUERTE** ▸ ▸ ▸ ▸ ▸ ▸

En una visita reciente para ver a su hermana en la escuela de medicina, Josefina, de 16 años, penetró furtivamente al anfiteatro donde todos los estudiantes de primer año de medicina aprenden anatomía humana, trabajando en cadáveres de la vida real (¿o de la muerte real?)

El cuarto olía a formol y los destrozados cadáveres más parecían los cadáveres de pavos despedazados que restos humanos.

"¡Yo vi que el brazo de uno se movía!", gritó Josefina.

"¡Josefina!", Patricia la reprendió. "¡No seas ridícula! ¡Están muertos, tonta!"

Una muerte más profunda, más desconocida

EXAMINA: De acuerdo con la Biblia los humanos no enfrentan precisamente la muerte física; nosotros también, hasta que confiamos en Jesús, experimentamos una muerte más profunda, un tipo de muerte espiritual desconocida.

• Pero era necesario hacer fiesta y regocijarnos, porque éste, tu hermano, estaba muerto y ha vuelto a la vida; estaba perdido y ha sido hallado". (Lucas 15:32).

• "Por eso os dije que moriréis en nuestros pecados; porque si no creéis que yo soy, moriréis en vuestros pecados" (Juan 8:24).

• "Él os dio vida a vosotros, que estabais muertos en vuestros delitos y pecados" (Efesios 2:1).

• "Y cuando estabais muertos en vuestros delitos y en la incircuncisión de vuestra carne, os dio vida juntamente con Él, habiéndonos perdonado todos los delitos" (Colosenses 2:13).

REFLEXIONA: Los versículos que acabas de leer significan que mucha gente con la que te sientas en clase, pasas el tráfico, con quien ves los partidos de fútbol y viven en tu vecindario están muertas. Apartadas de la vida espiritual que sólo Cristo puede traer, ¡estos individuos son cadáveres que caminan y hablan! Son como zombis, y una vez que sus cuerpos dejen de trabajar, se enfrentarán a la eternidad ¡separados de Dios!

PRACTICA: Haz algo hoy para ayudar a una persona espiritualmente muerta a que encuentre una nueva vida en Cristo.

1. Préstale tu grabación cristiana favorita.
2. Invita a alguna persona al grupo juvenil.
3. Comparte tu testimonio con un compañero.
4. Preséntale tu amigo no creyente a tu líder juvenil.
5. Ora seriamente por un pariente o profesor incrédulo.

GRABA: Lee Efesios 5:8-14.

Ora por esta intención:

DOS

La familia de Wilfredo está asombrada por la noticia de un hombre que fue sacudido por más de 7.000 voltios de electricidad, declarado muerto, cubierto con una sábana y, luego, 40 minutos más tarde, respirando en la morgue del hospital.

"¡Es un milagro!", exclamó Wilfredo.

"¡Me gustaría saber dónde pasó estos 40 minutos!", bromeó la mamá de Wilfredo!"

"O él siente aliviado de que volvió a la vida o está triste de haber regresado de la muerte!"

Vida más allá de la tumba

EXAMINA: Es difícil explicar hoy historias de gente que ha sido declarada "muerta" y que ha regresado a la vida. ¿Se pueden llamar milagros? ¿Errores médicos? ¿Misterios? Nadie puede estar seguro. Pero la existencia de otra vida es como el cristal.

• "En verdad, en verdad os digo que si alguno guarda mi palabra, no verá jamás la muerte" (Juan 8:51).

• "Jesús le dijo: Yo soy la resurrección y la vida; el que cree en mí, aunque muera vivirá, y todo el que vive y cree en mí, no morirá jamás".

• "Y que ahora ha sido manifestada por la aparición de nuestro Salvador Cristo Jesús, quien abolió la muerte y sacó a la luz la vida y la inmortalidad por medio del evangelio" (2 Timoteo 1:10).

REFLEXIONA: Ayer veíamos dos clases de muerte. Hoy estamos viendo que hay dos clases de vida.

La existencia física está en el aquí; y ahora. Pero para los creyentes en Cristo, una vida más allá de este mundo lo aguarda —una vida que las palabras no pueden expresar.

¿Qué crees que será la vida después que nuestros cuerpos hayan muerto? Por qué? ¿Tus ideas sobre el cielo están basadas en la Biblia o en algo más?

PRACTICA: Escribe una corta nota a alguien de tu escuela o iglesia que esté afligido por la pérdida de un ser amado. No le ofrezcas consejos grabados ni gastados clichés simplistas ni montones de palabras de la Escritura. (La gente afligida necesita manos disponibles y oídos dispuestos a escuchar. ¡No sermones!) Simplemente, dale la certeza a la persona de que estás pensando y orando por él o ella.

(Si en este momento tú estás afligido, acércate a un cristiano maduro para que te apoye emocional y espiritualmente.)

GRABA: Lee 1 Corintios 15:35-57.

▶ ▶ ▶ ▶ **TRES MUERTE** ▶ ▶ ▶ ▶

Ayer tarde René asistió a los funerales de su abuela. Fue una gran reunión familiar deprimente —docenas de tíos y primos que llenaron el templo, la mayoría de ellos sollozando fuera de control.

"No lo entiendo", suspira René.

"La abuela era cristiana, y, por supuesto está en el cielo. Ya no sufre, ¿verdad? Sin embargo, todos estaban llorando tanto como si su muerte fuera la peor cosa del mundo.

"No me digan que estoy en un error, yo también la voy a echar de menos. Pero si lo que nosotros creemos es verdad, entonces ella ahora está mucho más feliz".

¡La muerte de un santo no es terrible!

EXAMINA: René está en el camino correcto. La muerte puede ser triste para aquellos que quedan atrás. ¡Pero es como una ceremonia de graduación para el cristiano que es uno con el Señor! ¡Aun en la muerte!

• Dios nos ve. "Estimada a los ojos del Señor es la muerte de sus santos" (Salmo 116:15).

• Dios nos protege. "El impío es derribado por su maldad, pero el justo tiene un refugio cuando muere" (Proverbios 14:32).

• Dios promete seguridad. "Pues si vivimos, para el Señor vivimos, y si morimos, para el Señor morimos; por tanto, ya sea que vivamos o que muramos, del Señor somos" (Romanos 14:8).

REFLEXIONA: ¿Qué es más difícil? ¿Afrontar la muerte repentina e inesperada de un ser querido? ¿O ver a un amigo o a un miembro de la familia padecer una larga y penosa enfermedad terminal?

Si tú pudieras planear tu propio funeral, ¿quisieras que fuera sombrío y deprimente o más bien una celebración? ¿Por qué?

PRACTICA: Investiga algo más sobre la otra vida, haciendo un estudio rápido en el libro del Apocalipsis. Escribe qué nos dicen cada uno de estos pasajes acerca del cielo:

1. Apocalipsis 14:13 _____
_____
_____

2. Apocalipsis 21:1-4 _____
_____
_____
_____

3. Apocalipsis 22:1-5 _____
_____
_____

GRABA: Lee Filipenses 1:21.

Ora por esta intención: ——————————

CUATRO

Rodolfo está compartiendo su fe en Cristo con un hombre joven en el paradero del autobús.

Escuchemos su conversación: "¿Así que tú sabes qué te va a pasar cuando mueras?"

"Bueno, yo espero que iré al cielo, pero no sé más".

"¿Te gustaría ver lo que dice la Biblia de cómo puedes estar seguro?"

"¿Estar seguro? No creo que nadie pueda estar seguro. Yo creo que todos tenemos que esperar hasta morir y entonces ver".

¿Estás preparado?

EXAMINA: No hay necesidad de preguntarse acerca de la vida eterna. Si tú crees en la Palabra de Dios, tú puedes saber ahora mismo qué te espera después de la muerte. ¿Ves?

* "En verdad, en verdad os digo: el que oye mi palabra y cree al que me envió, tiene vida eterna y no viene a condenación, sino aquel ha pasado de muerte a vida" (Juan 5:24).

* "Porque la paga del pecado es muerte, pero la dádiva de Dios es vida eterna en Cristo Jesús Señor nuestro" (Romanos 6:23).

* "El que tiene al Hijo tiene la vida, y el que no tiene al Hijo de Dios, no tiene la vida. Estas cosas os he escrito a vosotros que creéis en el nombre del Hijo de Dios, para que sepáis que tenéis vida eterna" (1 Juan 5:12-13).

REFLEXIONA: Hay un dicho que expresa algo así:

"Nace una vez y muere dos veces; nace dos veces y muere una vez".

¿Entiendes lo que significa?

¿Has nacido dos veces?

PRACTICA: Si tienes algunas dudas acerca de tu destino después de la muerte, ahora es el momento de resolverlas. Los versículos de esta página de la sección "EXAMINA" te explican que la vida eterna es un regalo para todo aquel que confía en Cristo. No son precisamente palabras vacías; son promesas de la boca misma de Dios.

En el momento en que nosotros creemos en Cristo, en el momento en que recibimos su regalo de la vida eterna, Dios dice que podemos saber con seguridad (1 Juan 5:13) que seremos conducidos al cielo. No es una conjetura. No es una esperanza ni una posibilidad. Podemos estar seguros porque las promesas de Dios son dignas de confianza.

Si tú nunca has confiado en que sólo Cristo puede perdonar tus pecados, hazlo ahora mismo.

GRABA: Lee 1 Juan 5:1. El sábado, lee Juan 3:1-16 y el domingo 1 Pedro 1:23-25.

▶ ▶ ▶ ▶ ▶ ▶ CINCO **MUERTE** ▶ ▶ ▶ ▶ ▶ ▶

INFIERNO

Probablemente hayas oído a la gente mencionar el infierno en expresiones como: la vida es un infierno; está más caliente que el infierno, o ¡vete al infierno! Posiblemente hayas oído decir a alguien que el cielo debe ser aburrido, de tal manera que el infierno debe ser todo lo contrario —una celebración extravagante donde tú compartes con tus amigos para la eternidad. Quizás hayas oído a alguien decir que el infierno no existe.

A pesar de tales ideas, no hay que dar vueltas alrededor de esta verdad: Jesús enseñó claramente acerca de un lugar real llamado infierno (Mateo 5:22-30; Lucas 16:19-31).

¿Cómo es el infierno? La mayoría de nosotros, cuando realmente pensamos en el infierno, imaginamos un cuadro siniestro de diablitos rojos corriendo por todas partes, punzando y pinchando a sus aterradas víctimas con sus tridentes. Pero, ¿cuáles son los hechos?

La Biblia nos habla de tres aspectos relacionados con el futuro de los incrédulos: Primero, el infierno será eterno. Durará para siempre (Mateo 25:46). Segundo, el infierno será el castigo para el pecado y para el que no cree (2 Tesalonicenses 1:8) Tercero, el infierno será la separación de Dios (2 Tesalonicenses 1:9).

La muerte no es una insignificancia. El libro del Apocalipsis 21:8 describe el infierno como la "segunda muerte". En la Biblia, la muerte siempre hace referencia a la separación física o espiritual (lo cual no es una insignificancia). De tal manera que mientras la primera muerte será la separación física de la vida, la segunda muerte será la separación eterna y espiritual de la fuente de la vida-Dios. En pocas palabras, el cielo será la vida eterna para el creyente; mientras que el infierno será la muerte eterna para el no creyente.

El escritor británico C.S. Lewis lo resumió cuando dijo que el pecado es cuando el hombre a lo largo de la vida le dice a Dios: "Vete y déjame solo", y el infierno es cuando Dios finalmente dice al hombre: "Puedes hacer lo que desees" y lo deja solo por la eternidad.

¿Qué deberían hacer los creyentes? Primero, debemos darnos cuenta de que la vida es un asunto serio, y que los riesgos son altos porque en ella se encuentran involucradas vidas humanas. Segundo, necesitamos compartir nuestra fe con los no creyentes. La gente que nos rodea está enferma por el pecado y tenemos la cura para su enfermedad espiritual. Tercero, cuando nos damos cuenta de cuán verdaderamente horrible es el infierno —una eterna separación de Dios— ello nos debe llevar a agradecer a Dios habernos salvado. Todos nosotros estaríamos condenados a un destino terrible si no fuera por su gracia amorosa.

EL CASO DE UNA IDENTIDAD EQUIVOCADA

Si la gente pensara de ti cosas que no fueran totalmente ciertas, a ti te gustaría darles la versión correcta, ¿no es cierto?

Ese es el propósito de esta página: decir la verdad acerca de quién es Dios. Entender que Él no nos necesita para que lo defendamos. Pero al mismo tiempo que Él es glorificado cuando tratamos de aclarar las ideas erróneas que los demás pueden tener acerca de Él.

Falsa concepción popular

1. *El amo indiferente* —Dios está demasiado ocupado para ponerle atención a nuestros pequeños problemas. Nunca oímos hablar de él, ¡a menos que no podamos pagar el arriendo!

2. *El maestro impaciente* —Dios sacude la cabeza y entorna los ojos cada vez que nosotros cometemos el más mínimo error. Siempre vive diciéndoles a los ángeles lo torpe que somos.

3. *El policía espacial* —Dios está haciendo su ronda ... esperando la oportunidad para golpear a todo aquel que haya cometido alguna locura en su vida.

4. *El profesor distraído* —Dios es de buenas intenciones, pero "en su cabeza" la deidad que no puede controlar todas las cosas.

5. *El camaleón* —Dios es lo que tú quieras que Él sea.

6. *El abuelo sentimental* —Dios es el viejo travieso, con un guiño en el ojo, que mira para otro lado cuando nosotros nos volvemos ingobernables y salvajes.

Lo que la Biblia realmente dice

1. Dios está involucrado activamente en el mundo y en nuestras vidas (Romanos 8:28). Él cuida intensamente de nosotros (1 Pedro 5:7).

2. Dios es perfectamente paciente (2 Pedro 3:9) y gentil. Cada vez que nosotros caemos, Él está ahí para levantarnos (Salmo 37:24).

3. Dios anhela que nosotros encontremos la vida en Él, una vida que es rica y abundante (Juan 10:10).

4. Dios tiene el control de todo porque el todopoderoso. (Salmo 115:3).

5. Dios es el que es y no una deidad que nosotros podemos diseñar (Éxodo 3:14).

6. Dios es santo y no puede pasar el pecado por alto (Salmo 99:9).

POPULARIDAD

Cómo los halagos afectan tu fe

La popularidad parece una cosa buena. Tú atraviesas un pasillo y la gente te sonríe y te saluda por tu nombre. Cuando das la espalda, dicen cosas buenas de ti. Popularidad significa montones de invitaciones y llamadas telefónicas; significa haber sido elegida por tus compañeros para colmarte de honores, condecoraciones y aplausos.

Pero, ¿es la popularidad tan buena como la pintan? Antes que contestes demasiado rápido, quizás tú necesitas leer las cinco páginas siguientes.

"¡Ay de vosotros, cuando todos los hombres hablen bien de vosotros!, porque de la misma manera trataban sus padres a los falsos profetas".
(Lucas 6:26)

El poder de la fuerza de la popularidad

Melisa no puede soportar a Katia, una compañera que vive una calle más arriba. Katia es muy popular. Ella no sólo es la oficial de los últimos grados sino que recientemente fue nombrada "Reina del regreso al hogar".

"¿Qué tiene ella que yo no tenga? Yo también soy una persona agradable. No soy fea. ¿Por qué no puedo conseguir honores como ese?"

Entre tanto, Katia está comenzando su campaña para tratar de conseguir una cita con Carlos (el que hace latir todos los corazones en la escuela).

EXAMINA: La popularidad es peligrosa, por lo menos por dos razones.

1. Puede llegar a ser la mayor fuente de envidia.

"Cuando Saúl vio que él prosperaba mucho, le tuvo terror. Pero todo Israel y Judá amaba a David, porque él salía y entraba delante de ellos (1 Samuel 18:15-16).

2. Puede llegar a convertirse en una obsesión.

"Y Amán respondió al rey: Para el hombre a quien el rey quiere honrar, traigan un manto real con que se haya vestido el rey, y un caballo en el cual el rey haya montado y en cuya cabeza se haya colocado una diadema real" (Ester 6:7-9).

REFLEXIONA: Como Melisa, ¿te sientes tú envidioso de alguien, que es popular, en la escuela? ¿Alguna vez te has dado cuenta de que estás haciendo ciertas cosas precisamente para que otros tengan un concepto más alto de ti? ¿Ante tales sentimientos y/o acciones te sientes mejor o peor con respecto a ti mismo?

PRACTICA: Pídele a Dios que te dé una ayuda en este tema de la semana. Si no eres especialmente popular entre tus compañeros pídele a Él que te conceda la comprensión necesaria y las actitudes apropiadas.

Si formas parte del grupo popular, pídele al Señor que seas capaz de no perder la cabeza. Luego con la ayuda de un amigo cristiano, analiza tu comportamiento sobre acciones que pudieran no ser agradables a Dios.

GRABA: Observa en Juan 3:25-30, cómo Juan el Bautista maneja su pérdida de popularidad y el incremento de la popularidad de Cristo.

★ ★ ★ ★ ★ UNO **POPULARIDAD**

Bueno, ¿vienes o no?

Rolando titubea, mirando fijamente al suelo, al tiempo que cinco pares de ojos ansiosos se posan impacientemente sobre él.

(Los seis muchachos precisamente lo invitaron a ver algunos videos pornográficos en una fraternidad de la universidad).

"No", mascula finalmente Rolando. Mientras los muchachos se van, Rolando los oye decir: "Este tipo debe ser homosexual o algo", y "¡yo pensé que Rolando era más moderno!"

"Lo correcto" no siempre es fácil

EXAMINA: La historia de Rolando hace eco a lo que sucedió en Números 13, cuando los espías israelitas regresaron de Canaán. La mayoría de los hombres trataban de disuadir a la gente con sus informes negativos, "no podemos subir contra ese pueblo, porque es más fuerte que nosotros" (v. 31).

Después de una noche de lamentos y llantos: "Josué, hijo de Nun, y Caleb, hijo de Jefone, que eran de los que habían reconocido la tierra, rasgaron sus vestidos; y hablaron a toda la congragación de los hijos de Israel, diciendo: La tierra por la que pasamos para reconocerla es una tierra buena en gran manera. Si el Señor se agrada de nosotros nos llevará a esa tierra y nos la dará; es una tierra que mana leche y miel. Sólo que no os rebeléis contra el Señor, ni tengáis miedo de la gente de la tierra, pues serán presa nuestra. Su protección les ha sido quitada, y el Señor está con nosotros; no les tengáis miedo. Pero toda la congragación dijo que los apedrearan. Entonces la gloria del Señor apareció en la tienda de reunión a todos los hijos de Israel" (Números 14:6-10).

REFLEXIONA: Dios espera que su pueblo se levante en favor de la verdad. ¿Podrías haber hecho lo que hizo Rolando? ¿Qué hicieron Josué y Caleb? ¿Por qué sí o por qué no?

PRACTICA: Elige hacer lo correcto en el día de hoy. Por ejemplo:

• Cuando otros anden molestando a alguien, sal a favor de esa persona;

• Cuando los compañeros de clase te animen a hacer fraudes, di no.

• Cuando parezca que "todo el mundo lo hace" —si ese "lo" es maldecir, drogarse, beber, tener relaciones sexuales, robar o cualquier otra cosa— ¡ora para que tengas el coraje de permanecer firme!

GRABA: Lee lo relacionado con los apóstoles que escogieron la obediencia antes que la aprobación de los demás —Hechos 4:18-20 y Hechos 5:25-29.

Ora por esta intención:

☆ ☆ ☆ ☆ ☆ **DOS**

Suspirando por la popularidad

Nora quería, a cualquier precio, formar parte del grupo "de moda". Y pensaba que ya tenía el plan perfecto para lograrlo —una fiesta para todos mientras sus padres se ausentaran el fin de semana.

He aquí el resultado del "plan perfecto" de Nora: El sábado por la mañana, la casa estaba hecha un basurero, la videograbadora dañada, y algunas joyas robadas. Y lo peor de todo la virginidad de Nora se acabó.

EXAMINA: Durante el reinado del rey David, dos jóvenes de nombres Recab y Baana asesinaron a un hombre llamado Is-boset. Ellos le cortaron la cabeza y se la llevaron a David pensando que ganarían su favor:

"Respondiendo David a Recab y a su hermano Baana ... Vive el Señor que ha redimido mi vida de toda angustia, que cuando uno me avisó, diciendo: "He aquí, Saúl ha muerto", pensando que me traía buenas noticias, yo lo prendí y lo maté en Siclag, lo cual fue el pago que le di por sus noticias. ¿Cuánto más, cuando hombres malvados han matado a un hombre justo en su propia casa y sobre su cama, no demandaré ahora su sangre de vuestras manos, borrándoos de la tierra? David dio una orden a los jóvenes, y ellos los mataron y les cortaron las manos y los pies y los colgaron junto al estanque en Hebrón. Pero tomaron la cabeza de Is-boset y la sepultaron en el sepulcro en Abner, en Hebrón" (2 Samuel 4:9-12).

REFLEXIONA: ¿Estás de acuerdo o en desacuerdo con la siguiente declaración?: "La gente que te hace trabajar por su amistad no es digna de tenerse como amigos".

¿Alguna vez has tratado de quedar bien ante alguien con el único propósito de que te lo reconozca en tu propia cara?

PRACTICA: Haz los siguientes compromisos personales en el día de hoy:

1. No trataré de ser alguien o algo que no sea yo.

2. No trataré de ganarme la aceptación de los demás. Si "ciertos" amigos no quieren aceptarme por ser quien soy y lo que soy, entonces me buscaré nuevos amigos.

3. No presionaré a otros a que sientan que deben actuar para estar de mi parte.

GRABA: Lee en 2 Samuel 1:1-16 otro plan de popularidad que se vino abajo.

✶ ✶ ✶ ✶ ✶ TRES **POPULARIDAD**

Rolando (ver la historia del día 2) está impactado. En sólo dos días su fama ha dado un giro de 180 grados.

El martes, Rolando era justamente un chico popular. Hoy escasamente encuentra a alguien que quiera hablar con él.

Unos pocos amigos de su iglesia han cuchicheado que se sienten orgullosos de la actitud que él tomó, pero el resto lo ha abandonado.

Cuando las alabanzas se convierten en escarnios

EXAMINA: Jesús conocía los altibajos de la popularidad. Muy pronto al comienzo de Su ministerio, llegó a ser el ídolo de su pueblo.

"Jesús se retiró al mar con sus discípulos; y una gran multitud de Galilea le siguió; y también de Judea, de Jerusalén, de Idumea, del otro lado del Jordán, y de los alrededores de Tiro y Sidón; una gran multitud, que al oír todo lo que Jesús hacía, vino a Él" (Marcos 3:7-8).

Incluso cuando entró a Jerusalén al final de sus días, Jesús gozaba de un alto grado de aprobación.

"Los que iban delante, y los que le seguían, gritaban: ¡Hosanna! Bendito el que viene en el nombre del Señor; bendito el reino de nuestro padre David que viene; ¡Hosanna en las alturas!" (Marcos 11:9-10).

Pero considera la opinión pública sobre Cristo solamente unos pocos días después:

"Y Pilato, tomando de nuevo la palabra, les decía: ¿Qué haré, entonces, con el que llamáis el Rey de los judíos? Ellos le respondieron a gritos: ¡Crucifícale!" (Marcos 15:12-13).

REFLEXIONA: La popularidad es algo veleidoso. Un día todo el mundo te quiere. Al día siguiente tu mundo se te desploma.

Si tú basas tu dignidad únicamente en la opinión de los demás, ¿experimentarás estabilidad o ansiedad?

PRACTICA: ¿En tu vida, se han convertido las alabanzas en escarnio? Presta mucha atención a estos hechos:

• El mundo solamente se burla cuando tú estás haciendo lo que es recto.

• Jesús sabe exactamente cómo te sientes.

• Ninguno es popular con toda la gente todo el tiempo.

• Dios promete fortaleza para que encares tu situación (Filipenses 4:13).

GRABA: Lee más sobre la vacilante popularidad de Jesús —Juan 12:9-10.

Ora por esta intención:

CUATRO

★ ★ ★ ★ ★

173

La reunión de gran alcance de otoño, que Marcia y su grupo juvenil estuvieron planeando durante dos meses, se volvió, según parece, en un fracaso descomunal.

Veintisiete jóvenes se presentaron, y todos ellos eran seguidores de Jesús.

"¡No lo concibo!", gime Marcia. "Nosotros oramos, lo anunciamos, trabajamos duro. ¿Por qué no logramos encontrar no cristianos interesados en el evangelio?"

¿Por qué el evangelio no es más popular?

EXAMINA: Tú podrías pensar que la gente haría fila para confiar en Cristo... amontonados como locos para saber que sus pecados han sido perdonados y que su destino eterno ya está seguro, pero las cosas no funcionan de esa manera.

El mensaje del evangelio no es muy popular porque:

• Exige que nosotros reconozcamos nuestra necesidad de sanación espiritual que sólo Cristo puede ofrecer (Mateo 9:11-13).

• Hasta tanto Dios no abra el corazón de una persona, es imposible la plenitud del entendimiento (1 Corintios 2:14).

• Abrazar el evangelio plenamente lleva a penalidades y persecuciones: "Acuérdate de Jesucristo, resucitado de entre los muertos, descendiente de David, conforme a mi evangelio, por el cual sufro penalidades, hasta el encarcelamiento como un malhechor; pero la palabra de Dios no está presa. Por tanto, todo lo soporto por amor a los escogidos, para que también ellos obtengan la salvación que está en Cristo Jesús, y con ella gloria eterna. Palabra fiel es ésta: Que si morimos con Él, también viviremos con Él; si le negamos, Él también nos negará" (2 Timoteo 2:8-9; 3:10-12).

REFLEXIONA: ¿De qué manera específica el mensaje de la muerte de Cristo en la cruz es una tontería? (Ver 1 Corintios 1:18-29).

PRACTICA: Dios nos ha llamado a compartir la historia del amor de Cristo sin mirar la respuesta de la gente. Pídele una oportunidad para hacer esto hoy. Luego, sé sensible a las orientaciones del Espíritu. ¿Quién sabe? ¡Es posible que veas un milagro!

GRABA: Lee sobre los líderes religiosos que estuvieron celosos de la popularidad de Jesús —Juan 9:13-17. El sábado reflexiona sobre la forma en que Jesús miraba su popularidad —Juan 2:23-25. El domingo contempla la fugaz popularidad que disfrutaron los seguidores de Jesús, en Mateo 5:1-2.

★ ★ ★ ★ ★ CINCO **POPULARIDAD**

MATRIMONIO

Casarse sin manutención

$\mathbf{S}$e ha dicho que el matrimonio es la única institución sobre la tierra en la cual todo el que está afuera quiere entrar y todo el que está adentro quiere salir.

Ese chiste es obviamente una exageración, pero desde el momento en que la mayoría de la gente se casa (algunos más de una vez) y desde que el matrimonio cuenta con el potencial para llegar a ser una experiencia maravillosa o una horrible pesadilla, creemos que será prudente oír al Único que pensó totalmente en el asunto.

"Sea el matrimonio honroso èn todos"
(Hebreos 13:4).

Matrimonio: ¿Por qué un mal necesario?

Ana está firme. "¡No hay forma. Yo nunca me casaré! Y menos después de haber visto como se tratan mis padres entre sí".

"Pero, Ana, el hecho de que tus padres hayan tenido una mala experiencia y se hayan divorciado, no significa que tú tengas que seguir sus pasos. ¡Tú todavía puedes tener un buen matrimonio un día!"

"¡Bah! No vale la pena arriesgarse. Muchas de mis amigas cuentan las mismas historias de horror. Y no voy a meterme yo misma en ese embrollo.

EXAMINA: Por la forma en que la gente habla y actúa, tú podrías pensar que el matrimonio es la peor idea que se le puede ocurrir a una persona. Pero escucha al rey Salomón, hombre que tenía más de 700 esposas:

"El que halla esposa halla algo bueno, y alcanza el favor del Señor" (Proverbios 18:22).

Y escucha este mensaje alentador del apóstol Pablo, un soltero que ayudó a la orientación de la primera iglesia:

"Que los diáconos sean maridos de una sola mujer, y que gobiernen bien sus hijos y sus propias casas" (1 Timoteo 3:12).

"Por tanto, quiero que las viudas más jóvenes se casen, que tengan hijos, que cuiden de su casa y no den al adversario ocasión de reproche" (1 Timoteo 5:14).

REFLEXIONA: Cuando oímos hablar sobre un médico que es un farsante, nosotros no decimos inmediatamente que los principios de la medicina no tengan ninguna validez. Y cuando un avión se estrella no concluimos que las leyes de la aeronáutica no funcionan. Entonces, ¿cómo es que cuando un buen número de personas salen a favor de sus matrimonios, nosotros escribimos calificándolo como un mal pacto? ¿Es la institución matrimonial imperfecta o son las personas involucradas las que son imperfectas?

PRACTICA: No permitas que nuestra torcida y desviada cultura te lave el cerebro haciéndote creer que el matrimonio no funciona. El matrimonio sí funciona y sorprendentemente bien cuando nosotros seguimos los principios que Dios nos ha dejado en Su Palabra.

Pide a Dios que te abra los ojos y los oídos del espíritu hacia la verdad del matrimonio cristiano. (Y pídele desde ahora que si es su voluntad que te cases, que Dios te prepare a ti y a tu compañero en potencia para bien de los dos y para el servicio de Dios.)

GRABA: Lee el mandato de Dios a los hebreos que estaban en el exilio Jeremías 29:6. Luego lee el versículo 11. ¿Muestra el Señor el matrimonio como un pacto horrible?

UNO **MATRIMONIO**

¡El matrimonio es para toda la vida!

Anoche cuando sonó el teléfono, precisamente después de la cena, Bianca sabía que era su amiga Claudia. (Y también todos lo sabían, ya que ella ha llamado a Bianca, después de cenar, todas las noches, durante dos meses).

Bianca no esperaba lo que Claudia tenía que decir:

"¡No!", ella gritó en el colmo del paroxismo. "¿El señor y la señora Santana se divorcian? ¿Pero si han estado casados durante casi 20 años".

Al día siguiente, mientras Bianca se dirigía al centro comercial, ella pensó en la llamada telefónica. "Bien, yo creo que 20 años es un tiempo largo. ¿Quién sabe? Tal vez es mejor para los muchachos".

EXAMINA: Desde el comienzo, Dios quiso que el matrimonio fuera para toda la vida.

"Por tanto el hombre dejará a su padre y a su madre y se unirá a su mujer, y serán una sola carne" (Génesis 2:24).

"Y los dos serán una sola carne; por consiguiente, ya no son dos, sino una sola carne. Por tanto, lo que Dios ha unido, ningún hombre lo separe" (Marcos 10:8-9).

"A los casados instruyo, no yo, sino el Señor, que la mujer no debe dejar al marido (pero si lo deja, quédese sin casar, o de lo contrario que se reconcilie con su marido), y que el marido no abandone a su mujer" (1 Corintios 7:10-11).

REFLEXIONA: Algunos cristianos interpretan la Biblia como si estuviera enseñando: "No hay divorcio por ninguna razón". Otros insisten en que Dios permite el divorcio en caso de infidelidad conyugal. Otros admiten el divorcio por otras razones, tales como el abandono o el abuso.

Los puntos de vista acerca de volverse a casar son igualmente diversos. Establece una concordancia entre las palabras *casarse, matrimonio* y *divorcio*. ¿Qué versículos de la Escritura apoyan —como también minan— tu posición?

PRACTICA: Si tus padres están separados, ora fervientemente para que puedan resolver sus problemas y tu familia pueda rehacerse.

Si tus padres están divorciados, determina que por la gracia de Dios, tú no cometerás los mismos errores.

Si tienes un amigo cuya familia está en problemas de divorcio en este momento, llévalo/a a comer pizza. Sé un oído para escucharlo y un hombro para llorar.

GRABA: Lee la firme declaración sobre el divorcio que se encuentra en Malaquías 2:13-16.

Ora por esta intención:

DOS

177

¡Exigente, exigente, exigente!

La gente acusa a Marcos de ser demasiado exigente en relación con las chicas. "¿Por qué tan particular, Marcos?"

"No quiero involucrarme con la persona equivocada". Sé que si no soy cuidadoso puedo enamorarme de alguien que no sea cristiana. Y entonces, ¿dónde estaría?"

"¡Marcos, cálmate! Aquí no estamos hablando sobre matrimonio —simplemente de una cita para el fin de semana!"

"Mira, yo quiero desarrollar buenos hábitos ahora. Sólo tengo 17 años, pero más adelante espero casarme con una de las chicas con las que estoy saliendo ahora".

EXAMINA: ¡Marcos es un tipo perceptivo! Paga ser exigente cuardo tiene que ver con el sexo opuesto, porque el matrimonio es una proposición seria. Y casarse con la persona equivocada puede ser una pesadilla.

• "Gotera continua las contiendas de una esposa" (Proverbios 19:13).

• "Mejor es vivir en un rincón del terrado, que en una casa con mujer rencillosa".

• "Mejor es habitar en tierra desierta que con mujer rencillosa y molesta" (Proverbios 21:19).

Y no olvides —no son sólo las mujeres las que causan problemas en el matrimonio. Los hombres pueden resultar un verdadero desastre. ¡Así que no se precipiten a casarse, chicas!

REFLEXIONA: Muchos cristiano creen que Dios tiene una persona perfecta para que tú te cases, y todos los demás son menos que el mejor. Otros sienten fuertemente que hay una amplia variedad de posibles compañeros para cada creyente.

¿Qué puntos de vista manejas tú? ¿Por qué?

PRACTICA: Si nunca lo has hecho así, siéntate y escribe sobre algunas reglas para tus citas. Piensa en estas preguntas, haz un estudio serio de la Biblia y luego, habla de ello con tus padres o con tu líder juvenil.

1. ¿Saldrías con personas no cristianas?
2. ¿Qué tan lejos debo llegar físicamente en una cita?
3. ¿Es correcto tener citas con una sola persona?
4. ¿Cuál es la mejor edad para el matrimonio?
5. ¿Cuál es el propósito de las citas?
6. ¿Qué peligros debo evitar en una cita?

GRABA: Lee sobre el exilio con matrimonios llenos de conflictos, y lo que hicieron para resolver el problema, en Esdras 9 y 10.

TRES **MATRIMONIO**

¡La boda más espectacular de todas!

Con sus quince años, Teresa ha estado en algunas bodas espectaculares, pero ninguna tan extraordinaria como aquella a la que asistió el pasado fin de semana.

El padre de la novia gastó diez mil dólares ¡sólo en flores! Además había contratado desde una ciudad situada a 300 kilómetros, una orquesta completa para amenizar la ocasión.

Después de la boda hubo una elegante cena con costillas y langostas para todos.

Después, los recién casados salieron en helicóptero por tres semanas a disfrutar su luna de miel en un solitario paraíso tropical.

"No ha habido nada mejor que eso", suspiró Teresa.

EXAMINA: Oh, ¡claro que lo es! Según la Biblia, habrá un día una ceremonia de una boda cósmica, más asombrosa que la extravagancia a la cual asistió Teresa.

Así se indica en el Antiguo Testamento.

"Porque tu esposo es tu Hacedor, el Señor de los ejércitos es su nombre; y tu Redentor es el Santo de Israel, que se llama Dios de toda la tierra" (Isaías 54:5).

Se menciona en los evangelios:

"El reino de los cielos puede compararse a un rey que hizo un banquete de bodas para su hijo" (Mateo 22:2).

Está descrita también en el último libro de la Biblia:

"Regocijémonos y alegrémonos, y démosle a Él la gloria, porque las bodas del Cordero han llegado y su esposa se ha preparado" (Apocalipsis 19:7).

REFLEXIONA: ¿Cuál es el significado de estas "bodas del Cordero? Nadie conoce todos los detalles (la Biblia no nos lo dice). Lo que todos sabemos es que de alguna forma misteriosa, el Cordero de Dios, Cristo Jesús, "desposará" a la novia (es decir, al pueblo que le pertenece).

¿Formas tú parte de la novia de Cristo?

De ser así, ¿eres tú una novia fiel?

PRACTICA: Invita por lo menos a una persona a la última boda de hoy. ¿Confundido?

He aquí lo que queremos decir. Comparte la Buena Nueva de Cristo Jesús con un amigo.

1. Ora por una oportunidad y por las palabras que debes decir.

2. Habla de Jesús (lo que Él ha hecho y lo que está haciendo en tu vida).

3. Anima a ese amigo a dar una respuesta. (¿Te gustaría confiarte a Él para que perdone todos tus pecados, también?)

GRABA: ¿Se casarán las personas en el cielo? Lee Mateo 22:30.

Ora por esta intención:

CUATRO

Durante una conferencia de sicología, el doctor Carnell preguntó: "¿Cuántos de ustedes sienten que las relaciones sexuales prematrimoniales son incorrectas?"

De los 30 estudiantes que asistían, sólo Marta levantó la mano. Más tarde, Silvia se acercó a Marta: "No puedo creer que fueras tan osada. Es decir, yo pienso igual que tú acerca del sexo, pero yo no lo diría en clase".

¡Guárdate para el gran día!

EXAMINA: No tenemos por qué sentirnos avergonzados por la decisión de dejar las relaciones sexuales para el matrimonio —ese es el plan de Dios.

• "Porque esta es la voluntad de Dios: vuestra santificación; es decir, que os abstengáis de inmoralidad sexual; que cada uno de vosotros sepa cómo poseer su propio vaso en santificación y honor, no en pasión de concupiscencia, como los gentiles que no conocen a Dios; y que nadie peque o defraude a su hermano en este asunto, porque el Señor es el vengador en todas estas cosas, como también antes os lo dijimos y advertimos solemnemente. Porque Dios no nos ha llamado a impureza, sino a santificación" (Tesalonicenses 4:3-7).

• "Sea el matrimonio honroso en todos, y el lecho matrimonial sin mancilla, porque a los inmorales y a los adúlteros los juzgará Dios" (Hebreos 13:4).

REFLEXIONA: La gente que se involucra sexualmente antes del matrimonio está robando de su propio futuro.

Las experiencias que pueden tener solamente "una primer vez" se dan, sin pensar, en un momento de pasión. Y en lugar de ser experiencias bonitas, tiernas y especiales se convierten en recuerdos amargos difíciles de olvidar.

Las relaciones sexuales prematrimoniales, pueden parecer buenas por el momento, pero dejar las relaciones sexuales para el matrimonio proporciona placer a largo plazo.

PRACTICA: Para un análisis de todos los aspectos del matrimonio (incluidas las discusiones sobre "¿Cuándo es el tiempo apropiado?" y "¿Por qué no irnos a vivir juntos") lee el libro de John Souter "Casarse". Este es un libro que parece una revista; producto de Editorial Tyndale. Esta creativa y un poco loca publicación te hará reír y pensar al mismo tiempo.

GRABA: Lee acerca de las diversas responsabilidades de los esposos y esposas, en Efesios 5:22-23. El sábado reflexiona sobre algunas costumbres antiguas en relación con la luna de miel de los Hebreos —Deuteronomio 20:5-7. El domingo finaliza tu estudio del matrimonio con una mirada a Proverbios 5:18.

CINCO **MATRIMONIO**

DECISIONES

Eligiendo las mejores opciones

Si la decisión se refiere a qué color de suéter usar, no hay ningún problema, ¿verdad?

Pero, ¿qué tal si se tratara de elegir una universidad o escoger si sales con una determinada persona o elegir dónde trabajar en el verano? En situaciones como éstas tomar una decisión puede ser engañoso.

Bien, ¡no más desgaste ni inquietudes! He aquí lo que Dios dice acerca de tomar decisiones sabias.

"Al cielo y a la tierra pongo hoy como testigos contra vosotros de que he puesto ante ti la vida y la muerte, la bendición y la maldición. Escoge pues, la vida para que vivas, tú y tu descendencia"
Deuteronomio 30:19

REFUGIO

SOMETIDO AL ESPÍRITU

CONFIANZA

BENDECIDO

SIN TEMOR

¡No escojas precisamente el camino fácil

Luis es un muchacho inteligente y talentoso. Pero también perezoso.

Puesto que él quiere ser ingeniero, su padre le recomendó para la universidad, un horario desafiante de algebra, química, historia, inglés, programación de computadoras y educación física.

Luis se inscribió para algebra, coros, estudios independientes, historia, inglés, carpintería y voleibol.

"Oh, ¿así que le gusta cantar y trabajar con la madera, Luis?"

"No. Yo me inscribí en estas clases porque automáticamente sobresaliente".

EXAMINA: Todos muy a menudo adoptamos una actitud de pereza frente a la vida. En lugar de buscarnos retos que nos hagan crecer, generalmente escogemos opciones fáciles. Gracias a Dios que Jesús no tomó sus decisiones basado en cuál opción era la más fácil. De haber hecho eso, nosotros todavía estaríamos en el pecado. Por el contrario, su decisión fue hacer la voluntad de Dios —no importa lo que fuera.

"Tomando aparte a los doce, Jesús les dijo: Mirad, subimos a Jerusalén, y se cumplirán todas las cosa que están escritas por medio de los profetas acerca del Hijo del Hombre. Pues será entregado a los gentiles, y será objeto de burla, afrentado y escupido; y después de azotarle, le matarán, y al tercer día resucitará" (Lucas 18:31-33).

Ser asesinado no era un plan agradable. No obstante la actitud de Jesús fue: "Padre, si es tu voluntad, aparta de mí esta copa; pero no se haga mi voluntad sino la tuya" (Lucas 22:42).

REFLEXIONA: Ahora esto no parece un gran problema, pero en la pasada primavera, Luis hizo unas selecciones académicas muy pobres.

Ahora se divierte pero cuando vaya a la universidad en el próximo otoño renegará de sí mismo por no haber escogido cursos más pertinentes para la ingeniería.

¿Estás tomando decisiones en este momento (a nivel espiritual, académico, social, físico) que más tarde pueden molestarte?

PRACTICA: He aquí algunas sugerencias para ti:

Pídele a Dios que te enseñe esta semana cómo tomar decisiones sabias.

Asegúrate de buscar todos los versículos de la siguiente sección GRABA.

Comprométete con un estilo de vida de hacer lo que es correcto y no precisamente lo que es fácil.

GRABA: Mira cómo las decisiones equivocadas tienen consecuencias permanentes —Jueces 16.

? ? ? ? ? ? ? ? ? UNO **DECISIONES** ? ?

Parecía tan obvio. Alina tenía una clara decisión entre un trabajo que pagaba 8 dólares por hora y otro que pagaba solamente el salario mínimo.

Después de pensar en ello por media milésima de segundo, ella escogió el trabajo donde pagaban más.

¡Qué error! Ella tenía que trabajar en un horario inconveniente, en una oficina oscura y contaminada por el humo.

Si hubiera escogido el otro trabajo, habría establecido su propio horario y trabajado con tres amigos en un ambiente claro y agradable.

¡Mira antes de saltar!

EXAMINA: Algunas opciones pueden parecer realmente buenas... y volverse realmente malas.

"Hubo, pues, contienda entre los pastores del ganado de Abram y los pastores del ganado de Lot. Y el cananeo y el ferezeo habitaban entonces en aquella tierra.

"Y Abram dijo a Lot: Te ruego que no haya contienda entre nosotros, ni entre mis pastores y tus pastores, porque somos hermanos.

"¿No está toda la tierra delante de ti? Te ruego que te separes de mí: si vas a la izquierda, yo iré a la derecha; y si a la derecha, yo iré a la izquierda. Y alzó Lot los ojos y vio todo el valle del Jordán, el cual está bien regado por todas partes (esto fue antes de que el Señor destruyera a Sodoma y Gomorra) como el huerto del Señor, como la tierra de Egipto rumbo a Zoar.

"Y escogió Lot para sí todo el valle del Jordán; y viajó Lot hacia el oriente. Así se separaron el uno del otro.

"Abran se estableció en la tierra de Canaán, en tanto que Lot se estableció en las ciudades del valle, y fue poniendo sus tiendas hasta Sodoma" (Génesis 13:7-12).

REFLEXIONA: La tierra que escogió Lot le costó caro. Pues, al final terminó en un sitio inhóspito con unos vecinos hostiles. Y él mismo se llegó a convertir en un individuo igualmente hostil.

¿La codicia te ha hecho tomar, alguna vez, una mala decisión? ¿Cómo podría Alina haber evitado la decisión incorrecta?

PRACTICA: ¿Estás enfrentando una situación difícil entre dos "buenas opciones"? Busca el pro y el contra en la toma de decisiones. Con la ayuda de un pariente, de un líder juvenil o de un cristiano maduro, haz una lista de todos los aspectos positivos y negativos de cada una de las posibles opciones. Una vez hecho esto puedes descubrir que una de tus "buenas opciones no es tan buena, después de todo.

GRABA: Lee Proverbios 18:15.

Ora por esta intención:

DOS

? ? ? ? ? ? ?

Cuando un poco no es suficiente

Dalia se encuentra atónita.

"Manuel quiere invitarme a su fiesta de graduación?"

"Eso fue lo que dijo".

"¡Qué bien! Yo hubiera querido salir con Manuel desde el último verano".

"Pero, ¿y la cita que tienes con Daniel?

"Sofía, ¿por qué tendría que ir al cine con Daniel cuando podría ir al baile de graduación de Manuel?"

Tres semanas después, Manuel terminó sus relaciones con Dalia. Porque lo que ella hizo a Daniel lo hace también el resto de la gente.

EXAMINA: Cuando los israelitas pedían un rey, el profeta Samuel explicó las consecuencias de tal decisión:

"Y dijo: Así será el proceder del rey que reinará sobre vosotros: tomará a vuestros hijos, los pondrá a su servicio en sus carros y entre su gente de a caballo, y correrán delante de sus carros.... Tomará también a vuestras hijas para perfumistas, cocineras y panaderas. Tomará lo mejor de vuestros campos, de vuestros viñedos y de vuestros olivares y los dará a sus siervos.... Tomará también vuestros siervos y vuestras siervas, vuestros mejores jóvenes y vuestros asnos, y los usará para su servicio. De vuestros rebaños tomará el diezmo, y vosotros mismos vendréis a ser sus siervos. Ese día clamaréis por causa de vuestro rey a quien escogisteis para vosotros, pero el Señor no os responderá en ese día. No obstante, el pueblo rehusó oír la voz de Samuel, y dijeron: No, sino que habrá rey sobre nosotros, a fin de que seamos como todas las naciones, para que nuestro rey nos juzgue, salga delante de nosotros y dirija nuestras batallas" (1 Samuel 8:11; 13-14; 16-20).

REFLEXIONA: ¿Qué le faltó a Dalia tener en cuenta cuando canceló su cita el fin de semana con Daniel? ¿Piensan en las consecuencias que pueden tener tus elecciones antes de tomar las decisiones?

PRACTICA: Trata de poner en práctica el método "Opciones y consecuencias" la próxima vez que enfrentes una gran decisión:

1. Identifica la decisión que estás enfrentando.

2. Haz una lista de las opciones que tú podrías escoger.

3. Pídele a Dios que te ayude a ver las posibles consecuencias de cada opción.

4. Elige la opción que tenga los mejores resultados y las consecuencias más bíblicas.

GRABA: Lee sobre cómo un ángel del Señor le mostró a José una opción que él no había considerado antes —Mateo 1:18-25.

? ? ? ? ? ? ? ? TRES **DECISIONES** ? ?

Una lista para escoger

Andrés está enfrentando una situación realmente difícil.

En la misma semana en que el grupo juvenil había programado que él fuera el anfitrión de las fiestas de Navidad en un orfanato y en dos guarderías, un amigo no cristiano lo invitó a esquiar en la nieve.

Como un verdadero líder de su grupo, Andrés se siente responsable de estar presente en las actividades de los jóvenes.

Sin embargo, él recuerda cuánto se divirtió la única vez que fue a esquiar.

"No sólo podría pasar algún tiempo con Rafael sino que si llegara a esquiar una semana, yo podría realmente mejorar".

EXAMINA: La carta del apóstol Pablo a los cristianos de Corinto, nos da un consejo práctico para elegir sabiamente. Nuestras decisiones deben resultar en acciones que

• traigan beneficio espiritual tanto a nosotros mismos como a otros: "¡Todo la cosas me son lícitas, pero no todas son de provecho" (1 Corintios 6:12).

• nos ayuda a difundir el evangelio (1 Corintios 9:19-22).

*ace que nosotros sobresalgamos por la causa de Cristo (1 Corintios 9:25).

Por otra parte, nuestras selecciones nunca deben:

• conducirnos a hábitos esclavizantes (1 Corintios 6:12).

• estimular a otros cristianos a pecar: "Por consiguiente, si la comida hace que mi hermano tropiece, no comeré carne jamas, para no hacer tropezar a mi hermano" (1 Corintios 8:13).

• llevarnos a ser egoístas: "Nadie busque su propio bien, sino el de su prójimo" (1 Corintios 10:24).

REFLEXIONA: Camina en los zapatos de Andrés, ¿cómo crees que podrías sentirte? ¿Qué crees que decidirías hacer realmente? ¿Por qué?

¿Puedes pensar en otros criterios bíblicos para tomar decisiones sabias en las áreas oscuras de la vida?

PRACTICA: He aquí otras sugerencias prácticas para tomar buenas decisiones cuando la Biblia no diga detalladamente lo que deberías hacer:

1. Ora, confiadamente, esperando que Dios te guíe (Santiago 1:5-8).

2. Recibe consejos sabios de cuantos cristianos prudentes conozcas (Proverbios 20:5,18).

3. Escudriña la Palabra de Dios en busca de principios permanentes que pudieran aplicarse a tu situación concreta.

GRABA: Lee sobre criterios actuales para cualquier toma de decisiones que estemos enfrentando —Corintios 10:31.

Ora por esta intención:

??????? CUATRO

¿Qué haría Jesús?

Andrés nuestro amigo de la historia de ayer, finalmente esta mañana tomó una decisión.

Después de orar y pensar mucho, decidió rechazar la invitación para ir a esquiar con su amigo Rafael.

"Después de haber buscado mis razones y recordado algunos compromisos adquiridos este otoño, yo estaba casi seguro de lo que necesitaba hacer. Luego, cuando me pregunté: '¿Qué haría Jesús en esta situación?' todo llegó a ser claro como un cristal. "Yo estoy esperando complacido los proyectos del grupo juvenil".

EXAMINA: Quizás la mejor manera de imaginar lo que a Jesús le gustaría que tú hicieras es mirar cómo Él hizo sus decisiones.

"Por eso Jesús, respondiendo, les decía: En verdad, en verdad os digo que el Hijo no puede hacer nada por su cuenta, sino lo que ve hacer al Padre; porque todo lo que hace el Padre, eso también hace el Hijo de igual manera. Pues el Padre ama al Hijo, y le muestra todo lo que Él mismo hace; y obras como éstas le mostrará para que os admiréis" (Juan 5:19-20).

¿Su secreto? Su íntima relación, momento a momento, con su Padre celestial (y su compromiso de hacer lo que era recto). Jesús siempre tomó decisiones correctas.

REFLEXIONA: Recuerda este hecho importante: ¡Decidir no tomar una decisión es realmente una decisión!

No tengas miedo de equivocarte. Si has seguido honesta y seriamente la voluntad de Dios, a través del sentido común, el consejo de Dios, la oración y los otros métodos que hemos discutido esta semana puedes estar seguro de que harás una decisión sabia.

PRACTICA: Para distraerte y relajarte durante esta temporada de vacaciones lee el libro clásico *"Sobre sus huellas"*, de Charles Sheldon. Este magnífico autor de libros de gran venta se concentra en algunos miembros de la iglesia que deciden vivir sus vidas y tomar sus decisiones sabiamente, haciéndose a sí mismos la sencilla pregunta: "¿Qué haría Jesús?".

GRABA: Lee en 2 Timoteo 2:15, sobre las más importantes decisiones que una persona puede tomar.

El sábado, examina qué dice la Biblia sobre los motivos que se deben tener en cuenta cuando se va a hacer una decisión —Proverbios 21:2. Luego el domingo, lee sobre el joven que trató (falló) de evitar la responsabilidad de su propia decisión —Mateo 27:22-26.

? ? ? ? ? ? ? CINCO **DECISIONES** ??